# मृदुला गर्ग

मृदुला गर्ग के रचना-संसार में लगभग सभी गद्य विधाएँ सम्मिलित हैं। उपन्यास, कहानी, नाटक, निबन्ध, यात्रा-संस्मरण, व्यंग्य आदि।

उनकी प्रकाशित पुस्तकें हैं— 'उसके हिस्से की धूप', 'वंशज', 'चित्तकोबरा', 'अनित्य', 'मैं और मैं', 'कठगुलाब', 'मिलजुल मन' और 'वसु का कुटुम' (उपन्यास); कुल प्रकाशित कहानियाँ—90, जिनको लेकर 2003 तक प्रकाशित 8 कहानी-संग्रहों की सम्पूर्ण कहानियों की पुस्तक 'संगति-विसंगति' नाम से प्रकाशित; 'एक और अजनबी', 'जादू का कालीन', 'साम दाम दण्ड भेद', क़ैद-दर-क़ैद (नाटक); 'रंग-ढंग', 'चुकते नहीं सवाल', 'कृति और कृतिकार' (निबन्ध-संग्रह); 'मेरे साक्षात्कार' (साक्षात्कार), 'कुछ अटके कुछ भटके' (यात्रा-संस्मरण); 'कर लेंगे सब हज़म', 'खेद नहीं है' (व्यंग्य-संग्रह)।

अन्य भारतीय भाषाओं समेत उनकी कृतियों के अनुवाद अंग्रेजी, जर्मन, रूसी आदि भाषाओं में भी हो चुके हैं। 'चित्तकोबरा' का जर्मन अनुवाद 'द जिफ़्लेक्टे कोबरा' शीर्षक से प्रकाशित। 'चित्तकोबरा' नाम से अंग्रेज़ी में प्रकाशित। रूसी में 'कोबरा मोएगो रज़ूमा' नाम से अनूदित। 'कठगुलाब' का अंग्रेज़ी अनुवाद 'कन्ट्री ऑफ़ गुडबाइज़' तथा 'कठगुलाब' शीर्षक से मराठी और मलयालम में प्रकाशित। 'वुडरोज' शीर्षक से जापानी में प्रकाशित। 'अनित्य' उपन्यास अंग्रेज़ी में 'अनित्य : हाफ़वे टु नोवेह्यर' और मराठी में 'अनित्य' शीर्षक से प्रकाशित। 'मैं और मैं' मराठी में अनूदित। 'मिलजुल मन' उर्दू, पंजाबी, राजस्थानी, तमिल और तेलुगू में अनूदित। अनेक कहानियाँ भी अंग्रेज़ी, जर्मन, चेक, जापानी व भारतीय भाषाओं में अनूदित।

उन्हें अनेक पुरस्कारों के साथ 'कठगुलाब' के लिए 'व्यास सम्मान', 'मिलजुल मन' के लिए 'साहित्य अकादेमी पुरस्कार', हिन्दी अकादमी के 'साहित्यकार सम्मान', ह्यूमन राइट वॉच के 'Hellman Hammett Grant New York', उत्तर प्रदेश हिन्दी संस्थान के 'राममनोहर लोहिया सम्मान', 'उसके हिस्से की धूप' के लिए मध्य प्रदेश के 'अखिल भारतीय वीरसिंह सम्मान', 'जादू का कालीन' के लिए मध्य प्रदेश के ही 'अखिल भारतीय सेठ गोविन्द दास सम्मान' से सम्मानित किया जा चुका है।

'कठगुलाब' उपन्यास दिल्ली विश्वविद्यालय के बी.ए. पाठ्यक्रम तथा कई विश्वविद्यालयों में स्त्री-रचना/विमर्श पाठ्यक्रमों में शामिल है।

# जादू का कालीन

मृदुला गर्ग

राजकमल पेपरबैक्स

पहला पुस्तकालय संस्करण
राजकमल प्रकाशन प्राइवेट लिमिटेड द्वारा
1993 में प्रकाशित

राजकमल पेपरबैक्स में
**पहला संस्करण :** 2015
**चौथा संस्करण :** 2024



---

**राजकमल पेपरबैक्स :** उत्कृष्ट साहित्य के जनसुलभ संस्करण

---

राजकमल प्रकाशन प्रा.लि.
1-बी, नेताजी सुभाष मार्ग, दरियागंज
नई दिल्ली-110 002
द्वारा प्रकाशित

**शाखाएँ :** अशोक राजपथ, साइंस कॉलेज के सामने, पटना-800 006
पहली मंजिल, दरबारी बिल्डिंग, महात्मा गांधी मार्ग, प्रयागराज-211 001
1, अनमोल सोराबजी संतुक लेन, धोबी तलाव, मरीन लाइंस, मुम्बई-400 002
वेबसाइट : www.rajkamalprakashan.com
ई-मेल : info@rajkamalprakashan.com

बी.के. ऑफसेट
नवीन शाहदरा, दिल्ली-110 032
द्वारा मुद्रित

**मूल्य :** ₹125

JADOO KA KALEEN
*Play* by Mridula Garg

ISBN : 978-81-267-2888-6

**अपर्णा को**

इस विश्वास के साथ<br>
कि वह आगे और<br>
बहुत कुछ करेगी

# हाथ से बुने कालीनों के लिए इस्तेमाल होनेवाले हथकरघे का रूप

हाथ से बने कालीन छोटे-छोटे कच्चे शेड में बुने जाते हैं।

कच्ची जमीन को खोदकर खड़ा (वर्टिकल) लूम फिट किया जाता है।

बच्चे लूम के पीछे बैठकर कालीन बुनते हैं। लूम में पतली, सख्त, तारनुमा सुतली लगी होती है। मोम लगाकर सुतली को सख्त बनाया जाता है। ये सुतलियाँ दो परतों में होती हैं।

बच्चे रंगीन ऊन को तारों के बीच से घुमाकर गाँठ लगाते हैं, फिर चाकू से धागा काट देते हैं। चाकू हँसिए की किस्म का, गोल होता है।

कालीन उतना ही अधिक बढ़िया माना जाता है जितनी अधिक गाँठें उसके एक इंच में हों। इसलिए तार पास-पास लगाए जाते हैं। उनके बीच से सिर्फ पतली, लचकदार उँगलियाँ ही इधर-उधर जा सकती हैं। यही कारण है कि बच्चों से यह काम करवाया जाता है।

बार-बार तारों के बीच से ले जाने पर उँगलियाँ तारों से रगड़ खा छिल जाती हैं। बार-बार छिलने पर उँगलियाँ अपनी लचक खोकर सख्त पड़ने लगती हैं और तब वे बच्चे कालीन बुनने के लिए बेकार हो जाते हैं।

जरा-सी असावधानी से उँगली चाकू से भी कट जाती है। और, छिलती तो हर हाल में है ही।

**—मृदुला गर्ग**

*इस नाटक का पहला मंचन लेडी इर्विन कॉलेज के तत्त्वावधान में 14 एवं 15 जनवरी, 1993 को श्रीराम सेंटर, नई दिल्ली के प्रेक्षागृह में किया गया था। निर्देशक थे अनिल चौधरी।*

# निर्देशक की ओर से

जब मुझे लेडी इर्विन कॉलेज के लिए नाटक करने को कहा गया तो सबसे पहला प्रश्न दिमाग में आया कि कौन-सा नाटक करूँ, जिससे कॉलेज की छात्राओं को नाटक के विभिन्न पहलुओं, अभिनय, मंच-सज्जा, वेशभूषा, संगीत और उससे भी बढ़कर नाट्यरूप एवं प्रस्तुति की बारीकियाँ जानने का भरपूर मौका मिल सके। कॉलेज की प्रधानाचार्या मिसेज बजाज ने मुझे 'जादू का कालीन' पढ़ने के लिए दिया। पहली बार पढ़ने पर यह मुझे कुछ अटपटा लगा क्योंकि इसमें स्टेज-डायरेक्शन के साथ-साथ दृश्यों को जोड़नेवाले कई लिंक गायब थे। लेकिन नाटक की थीम इतनी असरदार थी कि इन बारीकियों के न होने ने प्रस्तुति की रचना करने के लिए, कलाकारों को और स्वयं मुझे, मुक्त रूप से सोचने का अवसर प्रदान किया और यही हमारा उद्देश्य भी था। फिर मुझे लगने लगा कि नाट्यकार मृदुलाजी ने शायद जान-बूझकर नाटक इस तरह से लिखा है ताकि निर्देशक और कलाकार अपनी-अपनी कल्पना का इस्तेमाल कर सकें। खैर, इसके बाद शुरू हुआ लेखक, निर्देशक और कलाकारों का एक रचनात्मक प्रक्रिया से गुजरने का दौर।

नाटक की थीम कालीन उद्योग में काम करनेवाले बच्चों की दुर्दशा एवं उनके शोषण को लेकर थी, लेकिन चूँकि यह प्रस्तुति लड़कियों के कॉलेज द्वारा होनी थी, इसलिए मैंने सोचा कि क्यों न इस समस्या के साथ-साथ एक लड़की होने से जो समस्या होती है, उसे भी उभारा जाए। इस नाटक में इस समस्या को उभारने में कॉलेज की लड़कियों और लेखिका मृदुलाजी ने भरपूर योगदान दिया।

मैंने इस प्रस्तुति में साधारण रंगमंच का उपयोग किया, क्योंकि दृश्यों को बार-बार बदला जाना था। बच्चे जब-जब कल्पनालोक में उड़ान भरते हैं तो एक खास किस्म के संगीत और कलाकारों द्वारा शारीरिक भंगिमाओं का उपयोग किया गया है। मैंने इस प्रस्तुति में सबसे अधिक ध्यान अभिनय पर

दिया क्योंकि कॉलेज की लड़कियों को 10–12 साल के बच्चों की भूमिकाएँ निभानी थीं या दादी माँ की। मुझे खुशी है कि पारुल, प्रिया, नीरा, सोनू—सभी ने अपनी-अपनी भूमिकाओं में जान डाल दी। अन्तिम क्षणों में मृदुलाजी द्वारा दिए गए सुझावों का भी नाटक की प्रस्तुति पर असर पड़ा। अगर यह प्रस्तुति सफल हुई तो सभी का आभार और अगर असफल हुई तो सारी जिम्मेदारी मेरी।

**—अनिल चौधरी**

# बच्चों की उँगलियों की दर्द भरी दास्तान

मई 1992 की 9,10 और 16 तारीखों को सिद्धार्थ महिला कल्याण संगठन ने एक कार्यशाला का आयोजन किया जिसमें नाटक 'जादू का कालीन' पर दस बच्चों ने लेखिका के साथ मिलकर काम किया। जब कार्यशाला का विचार उपजा था तो बस इतना ही सोचा गया था कि कालीन उद्योग की त्रासदी से सम्बन्धित इस नाटक पर शहरी बच्चों (और वह भी उच्च-मध्यवर्गीय बच्चों) की क्या प्रतिक्रिया होगी और इसी माध्यम से नाटक में विराजमान त्रुटियों (अगर हों तो) की जाँच-पड़ताल की जाएगी। न तो लेखिका को ऐसा कोई आभास था और न ही आयोजकों को कि यह कार्यशाला एक उपलब्धि के रूप में उभरकर सामने आएगी।

हुआ यूँ कि जिन बच्चों ने स्टार, केबल टी.वी. और दूरदर्शन के अलावा और कुछ भी देखा ही न था, वे 'जादू का कालीन' पढ़कर सन्न रह गए। चौदह वर्ष से कम उम्र के बच्चों की अँगुलियों की कहानी है नाटक 'जादू का कालीन'। कहानी क्या, एक दर्द भरी दास्तान है। अँगूठा, तर्जनी, मध्यमा या फिर अनामिका या कनिष्ठिका अँगुली जितनी कम उम्र और कोमल होगी उतनी ही अधिक गाँठें प्रति इंच डालना सम्भव होगा। अब अपने यहाँ सूखा तो बस ऐसे अनुपात से पड़ता है जैसे यहाँ की जनसंख्या बढ़ती है। बस, उन्हीं सूखाग्रस्त क्षेत्रों से सच-झूठ बोलकर प्रशिक्षण देने का बहाना करके नन्ही-नन्ही जानों को पचास-सौ रुपयों में खरीदा-बेचा जाता है और फिर उन्हें प्रतिरोपित कर दिया जाता है भारत के डॉलर प्रदेश में। जी हाँ, जहाँ कालीन बुने जाते हैं उन प्रदेशों को डॉलर प्रदेश कहना कोई अतिशयोक्ति न होगी।

साहित्य कला परिषद ने एक नई श्रृंखला का शुभारम्भ मई महीने से किया है। हर माह एक गोष्ठी का आयोजन होता है जिसमें एक अमंचित नाटक पढ़ा जाता है। जुलाई माह के अन्त में परिषद के सौजन्य से मृदुला गर्ग

नाटककारों, निर्देशकों, रंगकर्मियों और नाटक में अभिरुचि रखनेवाले दर्शकों के समक्ष अपनी पीड़ा व्यक्त करेंगी।

रियो में क्या हुआ सबने पढ़ा–सुना है लेकिन यह नन्ही चीखें कोई क्यों नहीं सुन पाता है ? यह प्रश्न उठाता हुआ 'जादू का कालीन' महज बच्चों का नाटक नहीं है, यह आप और हम जैसे लोगों को झकझोरनेवाला नाटक है। नाटक के पात्र क्योंकि बच्चे हैं, इसलिए अपने ऊपर लादी गई निर्ममता के बावजूद वे सपने देखने से बाज नहीं आते। वे एक सम्पूर्ण आदर्श और एक श्रेष्ठ गाँव की कल्पना करते थकते नहीं, ठीक हर उस भारतवासी की तरह जिसकी गांधी में आस्था थी, है और रहेगी, उन्हें बचाने पत्रकार, समाजसेविका इत्यादि आते तो हैं लेकिन उन्हें पुनर्स्थापित करने की कला इन महान आत्माओं ने अभी सीखी नहीं है। फिर शुरू हो जाता है वही चक्कर, जिसमें शिकंजा प्रधान पात्र है।

**—सरोज वशिष्ठ**

नीरा वरियानी
सन्तो की भूमिका में।

नीरा वरियानी, प्रिया चन्द्रा और सोनिया गुप्ता
क्रमशः सन्तो, लाखन और कम्मो की भूमिका में।

प्रिया चन्द्रा और नीरा वरियानी क्रमशः लाखन और सन्तो की भूमिका में।
अन्य बच्चों की भूमिका में हैं रीना, सोनल, विदुषी और शमिता।

# जादू का कालीन

# पात्र

### पुरुष पात्र

रमई
केशो का बाप
तीसरा गाँववाला
दलाल-एक
दलाल-दो
(सुपरवाइजर-एक)
(सुपरवाइजर-दो)
मालिक
लेबर ऑफिसर
कलेक्टर
ड्राइवर
लड़के का बाप

### स्त्री पात्र

दादी
माई
केशो की माँ
समाज सेविका
पत्रकार

इसके अलावा सात बच्चे हैं; तीन लड़कियाँ—सन्तो, कम्मो और लक्खी *(दूसरी और तीसरी लड़की)* तथा चार लड़के—केशो, लाखन, बरखू और दूसरा लड़का *(छोटा)*।

बच्चों की उम्र ग्यारह-बारह बरस। लाखन उम्र में बड़ा है और देखने में हट्टा-कट्टा। बरखू सबसे कमजोर, मरगिल्ला-सा है।

स्त्री, पुरुष एक से ज्यादा भूमिका कर सकते हैं।

मंच-सज्जा विशेष नहीं है। अभिनय द्वारा गाँव या कारखाने का माहौल पैदा किया जाता है और कहीं-कहीं ध्वनि-संयोजन से।

मंच के एक तरफ चबूतरा बना हुआ है, जो थोड़ी ऊँचाई पर है, तीन-चार सीढ़ियाँ चढ़कर आ जाता है।

शहरवाले दर्शकों के बीच से मंच पर आते हैं, गाँववाले विंग्स से।

# अंक : एक

## दृश्य : एक

*[सन्तो मंच के बीच पसरी है। दादी चक्की चला रही है और कहानी सुना रही है।]*

**दादी** : ऐसी भई, चम्पाद्वीप की राजकुमारी। हँसे तो फूल झरें, रोवे तो आँसू नईं मोती गिरें।

**सन्तो** : हाय! कित्ते ढेर जमा होंगे उस पे। जब रोए तबी जमा कर ले, है ना?

**दादी** : बुड़बक! उसे मोतियों की क्या कमी, जो जमा की सूझे! और रोने की उसे पड़ी क्या?

**सन्तो** : बहोत थे उस पे?

**दादी** : बहोत!

**सन्तो** : कित्ते?

**दादी** : उत्ते... *(सोचकर)* जित्ते...हम पे चावल के दाने।

**सन्तो** : हम पे तो एक बी नईं। माई कहे है, सूखा पड़ा है। धान ना होवे का इस बरस।

**दादी** : *(लम्बी साँस भरकर)* सूखा तो पड़ा है जब्बर। उमर बीती, ऐसा सूखा ना देखा! साढ़ बीता, सावन बीता, भादों बीता, एक बूँद ना पड़ी। अब आसोण भी बीत चला। चैत काटे जो मिला था,

मिला था। सब निबट लिया। अब तो आँख का पानी भी सूख गया।

**सन्तो** : मोती बन गया होवेगा। चम्पाद्वीप की राजकुमारी की नाईं। अबकी बादल आवेंगे, मोती बरसावेंगे, मोती!

**दादी** : जिनके वास्ते बरसावेंगे, बरसावेंगे। *(बुदबुदाकर)* हमें तो मुट्ठी-भर नाज ना नसीब होवेगा। दिन में एक बार चूल्हा जले है, फिर भी माई तेरी रात गए लौटे है जलावन लेके।

**सन्तो** : आगे कहो।

**दादी** : क्या?

**सन्तो** : कहानी। गड़रिए के लड़के की तो कही नईं।

**दादी** : *(अनमने भाव से)* गड़रिए के लड़के ने सुना, ऐसी भई चम्पाद्वीप की राजकुमारी। हँसे तो मुँह से फूल झरें, रोवे तो आँखों से मोती।

*[सन्तो की माँ सिर पर गट्ठर लादे भीतर आती है। गट्ठर चबूतरे पर पटक, एक धौल सन्तो की पीठ पर जमाती है।]*

**माई** : फिर सुनने बैठ गई कहानी! काम-धाम बी कर लिया कर।

**दादी** : आते ही पीछे पड़ गई, क्या हुआ?

**माई** : कल से ये जावेगी लकड़ी लाने। मुझे सड़क कूटनी है।

**दादी** : सड़क बनेगी?

**माई** : हर साल बने है कि नईं? कैसा जबर सूखा पड़ा है। सड़क ना बने तो हम सरीखे भूखों ना मर जावें!

**दादी** : *(बुदबुदाकर)* सो तो अब बी मरेंगे।

**माई** : इकले को कित्ता मिलेगा! एक किलो गेहूँ ना! किसी दिन मिलेगा, किसी दिन नईं। कल से मैं बी नम्बर लगावूँगी।

**रमई** : *(कुदाल लिये आता है)* कहाँ लगावेगी नम्बर? इस बेर सड़क ना बनने की।

**माई** : *(त्रस्त)* काहे?

**रमई** : बरखा ना हुई। पिछले बरस बनी सड़क जौन की तौन मौजूद है। ना बही, ना धँसी। *(रुककर)* मुझे बी लौटा दिया।

**माई** : यह कैसे हो सके है! सड़क तो हमारे देखे-देखे ढह जावा करे थी।

**रमई** : हाँ। बरखा होवे थी, तब ना!

**माई** : बरखा हो तो सड़क बने, क्यों?

**रमई** : वही तो! ठेकेदार बोला, भगवान को मंजूर नईं है। तबी ना इस बरस बूँद ना बरसी। ना सड़क धँसे, ना तुम हरामखोरों की बरात जुटे बनाने को।

**दादी** : सड़क क्या धँसने को बनाई जावे है?

**रमई** : और क्या? धँसे ना, तो बने कैसे?

**दादी** : अरे, चीज बरतने को बनाई जावे है या बिगाड़ने को?

**रमई** : रहन दे माई, तेरी मति में पालिटिक ना आने की।

**माई** : *(भयभीत)* हमरा क्या होवेगा? फसल नईं, कटाई नईं, अब सड़क बी नईं!

**रमई** : भूखों मरेंगे और क्या!

**सन्तो** : दादी, भूख लगी है।

माई : *(उसे पकड़कर)* भूख की बच्ची! *(सीधा खड़ा करके लकड़ी का गट्ठर सिर पर लाद देती है)* रख पकड़के। कल से तू जाना जंगल। *(रमई से)* अजी, कहीं तो बनेगी सड़क! कहते ना थे मुखिया, देस परगति पे है।

रमई : दिल्ली जावेगी, बुड़बक?

माई : ना, दिल्ली नईं, पास सहर में। यहाँ सन्तो सँभाल लेवेगी। *(सन्तो से)* सन्तो, हाथ टूट गए क्या? पीठ सीधी रख। लड़की की जात, ना काम की ना धाम की।

दादी : लड़का होता तो कौन तू उसे लाट बना लेती?

माई : *(सन्तो से)* चल, उधर कोने में डाल गट्ठर। *(सन्तो गिर पड़ती है)* मर करमजली! ऐसे चढ़ ली पहाड़ी पे।

दादी : *(चिल्लाकर, माँ से)* क्यों पीछे पड़ी है, कमीनी! मैं ले आऊँगी लकड़ी-पानी सब। तू जा, सड़क कूट।

माई : तुझसे ना होवेगा। कोसों दूर है जंगल।

दादी : हाँ-हाँ, हम बी जावें थे जंगल। दो घंटे में वापिस। चार दिन का जलावन लादकर। दिसा-मैदान से निबटे, लकड़ी बीनी, कुन्दरू-बेरी खाए, पानी पिया और वापिस काम पे। हरामखोरी करन ना जावे थे तेरी नाईं।

माई : कुन्दरू? पानी? कौन-से जंगल की बात करे है? यहाँ तो कोसों लकड़ी नजर आवे, ना पेड़!

दादी : जंगल कोई चीज-बस्तर है, जो चोर उठा ले गए? अरे, जंगल में पेड़ नईं, पानी नईं, फल नईं तो क्या जिन्न-भूत खड़े हैं?

**माई** : ठेकेदार काट ले गए सब का सब जंगल। धरती पड़ी है बंजर, ठूँठ की ठूँठ। ना घास, ना पानी। दो-चार कोस चलो, तब लकड़ी दिखे। वो बी रिजरब के अन्दर। बीनने को मिले नईं, पेड़ पे चढ़ो और काटो। कोई देख ले तो जुरमाना और पिटाई।

**दादी** : रिजरब क्या?

**माई** : जंगल सरकार का है ना। कटाई की मनाई है।

**दादी** : काहे?

**माई** : सुना है, सहर में बड़े-बड़े मकान, कारखाने बने है, जंगल की लकड़ी से।

**दादी** : फिर हमें मनाई काहे की?

**माई** : जंगल बचाने की।

**दादी** : यह कैसी बात?

**माई** : पूछ ले अपने बेटे से।

**रमई** : रहन दे माई। जंगल का हाल देखा तो परान दे देवेगी।

**दादी** : क्यों? जाती नईं दिसा-मैदान को?

**रमई** : तो ले आ जलवान वहीं से।

**दादी** : *(हकबकाकर)* वहाँ जलावन कहाँ?

**रमई** : फिर चुप बैठ। जान दे सन्तो को।

**दादी** : *(सन्तो के पास बैठकर)* रो मत, सन्तो रानी! जंगल में काहे का डर! जंगल जावेगी तो मौज हो जावेगी तेरी। अहा, क्या हवा, क्या पानी, क्या कुन्दरू और बेरी! *(फुसफुसाकर)* कैर जमा कर लाइयो, ढेर सारे। ऐसा चटपटा अचार बनाऊँ कि...वो आया मुँह में पानी।

हाँ तो, गड़रिए का लड़का पहुँचा जंगल में, तो देखे क्या, हर पेड़ पर मोती लटके हैं। समझ गया, हाँ, यहीं से गुजरी है चम्पाद्वीप की राजकुमारी। बेचारी दइत *(दैत्य)* के जाल में फँसी, बुरे दिन काट रई है। पर बुरे दिन हमेशा नईं ना रहा करें। गड़रिए के लड़के ने तय किया, छुड़ाके रहवेगा राजकुमारी को, और पाकर रहवेगा दइत का तिलिस्मी खजाना।

*[प्रकाश धीरे-धीरे कम होता है।]*

*[फिर दुबारा तेज होता है। रमई, माई और दादी तीनों मंच पर सिकुड़े बैठे हैं। दादी धीमे स्वर में गा रही है।]*

**दादी** : देसवा के सब धन-धान
बिदेसवा में जाय रहे
महँगी पड़त हर साल
किरसक अकुलाय रहे।

*[रमई और माई भी उसके साथ गाने लगते हैं]*

महँगी के मारे बिरहा बिसरिगो
भूलि गई कजरी कबीर
देखि के गोरी के उभरा जोबनवा
अब उठै न करेजवा में पीर

**दादी** : देसवा के सब धन-धान
बिदेसवा में जाय रहे...

*[सन्तो आती है]*

**रमई और माई** : *(उसे देखकर, एक साथ सिर उठाकर)* लकड़ी?

**सन्तो** : ना मिली। ठेकेदार ने भगा दिया। *(रोकर)* मारा बी।

**दादी** : *(दुखी स्वर में)* ये कैसा राजा है, जंगल तक हमरा ना रहा!

*[सन्तो दादी से चिपककर बैठ जाती है। दादी अपनी फटी धोती में उसे भी समेट लेती है।]*

**सन्तो** : *(फुसफुसाकर)* दादी, भूख लगी है।

**दादी** : दाना ना है घर में।

**माई** : *(सुस्त)* कहीं काम ना मिला।

**रमई** : करमों के खोट हैं। तनिक पानी ना बरसा।

*[केशो का बाप भागता हुआ आता है।]*

**केशो का बाप** : रमई, ओ रमई! कारखानेवाले आए हैं। काम देने।

**केशो** : इदरई आवे हैं। घर-पर मूड़ी बाँटे हैं।

*[सामने से दो दलाल आते हैं।]*

**दलाल-एक** : *(आते-आते)* लो भाई, मूड़ी खाओ।

**रमई** : आप समाज-सेवक हो?

**दलाल-दो** : हाँ, भइया। सीधा खैरपुर से चले आ रहे हैं। आपका दुख खींच लाया।

**दलाल-एक** : सदी का सबसे भयंकर सूखा है।

**दलाल-दो** : बड़े तो रह लें, बच्चे भूखे कैसे रहें! दिल दहल गया, बच्चों की हालत देखकर।

**दलाल-एक** : मालिक से कहा, दया-पुण्य तब हो जब बच्चों का भला हो।

**दलाल-दो** : मालिक हों तो ऐसे! दया की मूर्ति! कहने लगे, बहुत हुई पूजा-अर्चना। ठाकुर बहुत बहलाए, अब बच्चे पोसूँगा। अपने कालीन कारखाने में काम सिखलाऊँगा, खाना-कपड़ा मुफ्त में दूँगा, ऊपर से वजीफा। तभी ना, काम सीखकर, हमेशा के लिए, बेकारी से छुटकारा मिल सकेगा।

**रमई** : काम देवेंगे मालिक? मुझे ले चलो।

**दलाल-एक** : *(हँसकर)* इस उमर में तुम क्या सीखोगे? यह काम बच्चों का है। अपने लड़के को भेज दो। वह देखो, कितने बाल-गोपाल जा रहे हैं, हमारे साथ।

**रमई** : फूटे भाग मेरे! लड़का है कहाँ जो भेजूँ! ले-देके एक ये लड़की है।

**दलाल-दो** : ना...ना, हाथ नहीं उठाते। बच्चे भगवान का रूप होते हैं। खाओ बच्ची, खाओ।

**रमई** : गाँव के सबी बच्चे जावे हैं आपके साथ?

**दलाल-एक** : पूरा गाँव पैरों पड़ गया। ले जाओ, ले जाओ! गुहार मचाने लगा।

**केशो की माँ** : *(चीखती हुई आती है)* मुझे ना भेजना केसो को।

**केशो का बाप** : तो भूखों मारना है!

**केशो की माँ** : कित्ते रुपए लिये तूने?

**केशो का बाप** : लेता क्या! उसके भले को भेजूँ हूँ।

**केशो की माँ** : कित्ते लिये, बोल?

**दलाल-एक** : *(मुस्कराकर)* सौ रुपए।

**केशो की माँ** : बेच दिया छोरे को!

**दलाल-दो** : ना माई। जैसा तुम्हारा बेटा, वैसा हमारा। पैसा तो वजीफे का एडवांस है। जोर-जबर्दस्ती थोड़े है। हम तो समाज-सेवा को निकले हैं। जो सेवा का मौका दे, उसका भला। जो न दे, उसका भी भला।

**केशो** : *(भीतर आकर)* मैं जाऊँगा।

**दलाल-एक** : बड़ा प्यारा बच्चा है।

**दलाल-दो** : तुम नहीं चाहतीं, तुम्हारा बेटा अच्छा खाए-पहने, काम सीखे, लायक बने!

**केशो का बाप** : औरत की जात। बुड़बक है! मैं कहूँ, लेके जाओ।

**रमई** : मेरी लड़की को लेके जाओ, बाबू। सौ नहीं तो नब्बे दे देना।

ले जाओ, बाबू। नब्बे नहीं, तो अस्सी दे देना।

**दलाल-दो** : *(दलाल-एक से फुसफुसाकर)* उँगलियाँ खूब पतली हैं। हाँ बेटी, काम सीखोगी?

**रमई** : *(बीच में)* जरूर सीखेगी।

**दलाल-एक** : हूँ...खूब पतली हैं...नरम भी। *(दलाल-दो से)* जितनी पतली उँगलियाँ उतनी गाँठ लगाने में माहिर।

**दलाल-दो** : जितनी गाँठें उतना बढ़िया कालीन!

**दलाल-एक** : जैसा कालीन, वैसा दाम<br>जितना दाम, उतना लाभ।

**दलाल-दो** : दूर देस से उड़कर आएगा राजकुमार, तुम्हारा कालीन खरीदने। क्या समझीं?

**केशो** : परियों के देस से?

**दलाल-एक** : हाँ। डॉलर-देस, परियों का देस।

**दलाल-दो** : जितने कालीन, उतरे डॉलर।

**दलाल-एक** : जितने डॉलर, उतनी मौज। *(दोनों एक-दूसरे को पकड़कर नाचते हैं।)*

**केशो** : डालर क्या होवे है?

**दलाल-दो** : *(नाचते-नाचते)* जादू का डंडा। जिधर घुमाया, पैसा ही पैसा।

**दलाल-दो** : हरा ही हरा। खाना ही खाना।

**केशो** : धान भी?

**दलाल-दो** : चावल कौन खाता है डॉलर-देस में?

**दलाल-एक** : मुर्गा, मछली और मटन।

**दलाल-दो** : सूअर, बकरा सब हजम।

**रमई** : मुर्गा! मछली! दया करो मालिक। इस लड़की को लेके जाओ।

**दलाल-एक** : तथास्तु!

**दलाल-दो** : यह लो। पूरे सौ। हँ-हँ, दस वापस।

**दादी** : ना, हम ना भेजते लड़की को।

**रमई** : परे हट। *(सन्तो से)* जा बेटी, मन लगाकर काम सीखियो।

**दादी और माई** : नईं! हमें ना भेजना लड़की को।

*[रमई उसे पकड़कर दलाल की तरफ बढ़ाता है। केशो आगे बढ़कर सन्तो का हाथ पकड़ लेता है।]*

**केशो** : चल सन्तो, उड़ चल,
परियों के देस,
डालर-देस में
जादू का डंडा घुमा
जो चाहे माँग ले।

लिट्टी, दाल-भात, लड्डू
चलेगी, सन्तो, परियों के देस में?

*[सन्तो हाँ में सिर हिलाती है।]*

एक, दो, तीन...उड़नछू।

*[सन्तो का हाथ पकड़े-पकड़े दर्शकों के बीच से भाग जाता है।]*

*[पीछे-पीछे नाचते-कूदते दलाल जाते हैं। रमई और केशो का बाप अंटी से निकालकर रुपए गिनते हैं। दादी, माई और केशो की माँ धीरे-धीरे जमीन पर निढाल बैठ जाती हैं।]*

*[प्रकाश लुप्त]*

*[दृश्य : एक समाप्त]*

## दृश्य : दो

*[प्रकाश वापस। कालीन कारखाने का शेड। दोपहर का समय। तीन महीने बाद। मंच के एक तरफ तीन लड़कियाँ बैठी हैं, दूसरी तरफ तीन लड़के। सब लूम पर काम कर रहे हैं। दोनों तरफ एक-एक सुपरवाइजर हाथ में छड़ी लिये घूम रहे हैं। लूम के पीछे बच्चे जमीन पर बैठे हैं, लूम के धागों के बीच से धागा निकालकर गाँठ बाँधकर चाकू से काट रहे हैं।]*

**सुपरवाइजर-एक** : थक गया।

**सुपरवाइजर-दो** : बोर हो गया।

**सुपरवाइजर-एक** : एक चक्कर मार आएँ। चाय की तलब हो रही है।

**सुपरवाइजर-दो** : *(लड़कों से)* अपनी जगह से हिलना मत। लौटकर आऊँ तो इतना कालीन बना होना चाहिए। *(बाहर जाता है)*

**सुपरवाइजर-एक** : देख क्या रही है? हाथ चला। रुक नहीं। जल्दी कर। जल्दी...जल्दी...जल्दी...

*[सन्तो की उँगली कट जाती है और वह चीख पड़ती है।]*

अलग रख, अलग रख। खून लग गया तो सत्यानास कालीन का। धागा जलाकर दे कम्मो!

*[जला धागा उँगली में भरता है।]*

रही अनाड़ी की अनाड़ी! रोज धागे से उँगली काटती है। आज चाकू लगा दिया। चुप हो जा। बैठ जा, अपनी जगह। कम्मो, तू क्या कर रही है, शुरू हो जा। अरजेंट का आर्डर है। चल सन्तो, शुरू हो जा तू भी।

**सुपरवाइजर-दो** : कहाँ रह गए?

**सुपरवाइजर-एक** : आया। *(मंच के अगले हिस्से में आकर)* साला! सारा दिन बन्द कमरे में इन पिल्लों के सिर पर सवारी करो। अरजेंट का आर्डर न हो गया...साला! *(सगर्व)* मेरा लड़का है न, अंग्रेजी स्कूल में पढ़ता है। बड़ा होसियार है। अगले हफ्ते छुट्टी लेकर गाँव जाऊँगा।

**सुपरवाइजर-दो** : मुझे मार-पीट से चिढ़ है। बारह बरस हो गए ब्याह किए, घरवाली पर हाथ नहीं उठाया। इस काम में साला!...कमीसन मागूँगा अब से।

**सुपरवाइजर-एक** : मिल गया कमीसन। सौ पर दस लेते हैं, वह भी सूँघ लिया होगा हरामी ने।

**सुपरवाइजर-दो** : चुप। सुन लेगा।

**सुपरवाइजर-एक** : मैं छुट्टी लेकर रहूँगा। लड़का मेरा सातवीं में आ गया। तुम जानो, मैं डिसीपलिन का पक्का हूँ। बीच-बीच में झटका दे आता हूँ तो बढ़िया चलता है। लायक बेटा है। औरतों के भरोसे नहीं छोड़ा जा सकता।

सुपरवाइजर-दो : कमीसन मिल जाए तो करधनी ले जाऊँ घरवाली के लिए। कब से कह रही है। लड़की भी ग्यारह की हो गई। सादी-ब्याह का सोचना है। साली क्या नौकरी है!

सुपरवाइजर-दो : दूसरी मिले तो आज छोड़ दूँ। पर कहाँ?

*[मालिक का प्रवेश]*

मालिक : तुमसे जरूरी बात करनी है। इधर आओ। होसियार रहना।
सुना है दिल्ली से एक डेलीगेसन आ रहा है, बाल-मजदूरों के बारे में जानकारी लेने।

सुपरवाइजर-एक : हमें क्या! हमारे यहाँ सब टरेनी हैं, मजदूर एक नहीं।

सुपरवाइजर-दो : सरकार की इजाजत और मदद से, नान-फारमल एजूकेसन दे रहे हैं। मंत्री महोदय खुद जानते हैं और...*(हँसकर)* कमीसन पाते हैं।

मालिक : दिल्ली के कूढ़मगजों की समझ में आए तब ना! सुना है, एक समाज-सेविका हैं और एक पत्रकार महोदया। अफवाह फैला रखी है कि हम बच्चों का अपहरण करके लाए हैं।

सुपरवाइजर-एक : अपहरण? हम? हम तो लाने को ही तैयार नहीं थे। भूख से बिलबिलाते बालकों को माँ-बाप जबर्दस्ती पैरों पर पटक गए।

सुपरवाइजर-दो : वापस भेज दीजिए सालों को।

मालिक : *(डाँटकर)* कालीन तू बाँधेगा?

सुपरवाइजर-एक : फिर ले आएँगे। बच्चों की कौन कमी है अपने देस में!

मालिक : बाहर के देसों में अपने कालीन बिकते हैं, सो

कम लागत के कारण ना। गाँव से सस्ते मजदूर मिलने बन्द हो जाएँ तो एक्सपोर्ट चौपट।

**सुपरवाइजर-दो** : फिर डॉलर कहाँ से आएँ?

**सुपरवाइजर-एक** : प्रगति का क्या हो?

**सुपरवाइजर-दो** : प्रगति की कीमत किसी न किसी को चुकानी ही पड़ती है। *(स्वगत)* साला! हर बार हमीं क्यों चुकाएँ?

**मालिक** : अभी अरजेंट फँसा है। कोई आए तो बच्चों को स्टोर के ऊपरवाले कमरे में बन्द कर देना। लूम पर तुम लोग बैठ जाना। एक दिन बरबाद होगा न, पूरा कर लेंगे। आजकल सुबह चार बजे रोसनी हो जाती है। काम जल्दी सुरू करवा देना। और कुछ?

**सुपरवाइजर-दो** : कमीसन?

**सुपरवाइजर-एक** : छुट्टी?

**मालिक** : *(बात काटकर)* इन्तजार करो। शायद पूरी छुट्टी हो जाए। *(डाँटकर)* जाओ, काम पूरा करवाओ।

*[दोनों भागकर पीछे बच्चों के बीच आते हैं। मालिक मंच के बाहर चला जाता है।]*

**सुपरवाइजर-एक** : जल्दी! और जल्दी! और! और!

*[बच्चों के बीच फिरकनी की तरह घूमते हैं। बच्चे मशीनों की तरह जल्दी-जल्दी हाथ चलाते हैं।]*

जल्दी हाथ चलाओ। एक प्याला चाय पीने जाते हैं तो आराम करने बैठ जाते हो।

देखते क्या हो, चलाते रहो हाथ। साला सूरज इतनी जल्दी डूब जाता है। जब तक रोसनी है, लगाए जाओ गाँठ। पूरा अँधेरा छा जाएगा, तब खा लेना खाना। तुम्हारे साथ हमें भी खपना पड़ता है। जल्दी-जल्दी-जल्दी!

*[तेज फिरकनी की तरह घूमते हैं। बच्चे और तेजी से हाथ चलाते हैं। इतनी तेजी से कि बदन काँपने लगता है, पर हाथ चलते रहते हैं।]*

काम बन्द।

*[बच्चे एकदम रुक जाते हैं। दोनों सुपरवाइजर जाते हैं। बच्चे अपनी-अपनी जगह टाँगें फैला लेते हैं। साथ में रखी रोटी सुस्त भाव से खाते हैं।]*

**सन्तो** : *(रोटी खाते-खाते)* कहानी सुना केसो।

**केशो** : कहानी? हाँ...सुन कहानी।

**लाखन** : चुप। जब देखो, कहानी।

**केशो** : एक था डालर-देस। बड़ राछस का देस। बड़ के पेड़ जित्ता लम्बा-चौड़ा राछस। ये बड़े-बड़े दाँत *(मुँह खोलकर भयानक शक्ल बनाता है)*। नुकीले नाखून *(हाथों की उँगलियों को गिद्ध के पंजों की तरह उमेठता है)*। ये बड़ा पेट *(पेट फुलाता है)*। एक नम्बर का खउआ। खाऊँ-खाऊँ! खाऊँ-खाऊँ! जो मिले मुँह में डाले और निगल जाए *(डकार लेता है)*। हप *(पेट फुलाता है, उस पर हाथ फेरता है)*। पेट फूले मिनट भर, फिर पिचक जाए *(पिचका*

*लेता है)*। फिर शुरू। हप। हप। हप। *(मुँह खोल-कर इधर-उधर दौड़कर निगलता है। बच्चे हँसते हैं।)* खाते-खाते एक दिन ऐसा आया कि...

**लक्खी** : सारा खाना निबट लिया।

**केशो** : हाँ। अब करे तो क्या करे राछस! इससे पूछे। उससे पूछे। तुझसे पूछे। मुझसे पूछे *(इधर-उधर मुँह मारता है)*। बतलाए तो कोई क्या बतलाए! जो मिले उसे खा जाए। एक दिन मिला एक बाबा। सफेद दाढ़ी। लाल आँखें। राछस झपटा उसकी तरफ। बाबा बोला, अलख निरंजन। राछस जहाँ का तहाँ ठस्स। गिड़गिड़ाकर बोला, क्या करूँ बाबा, कहाँ से पाऊँ बेहिसाब खाना? बाबा बोला, जा, चम्पाद्वीप की राजकुमारी को पकड़ ला। उसका हाथ लगे तो जादू का कालीन बने। उस पर बैठ और उड़ जा। जहाँ मर्जी आए, जा। जो मर्जी आए, खा।

**लक्खी** : उड़नेवाला कालीन? सच्ची?

**लाखन** : बकवास!

**केशो** : बात सुनो सब राज की। इधर लाओ कान। हम जो बनावे हैं, जादू का कालीन है।

**सन्तो** : उड़नेवाला?

**केशो** : हाँ। मन्तर बोलो तो उड़ने लगे है।

**सन्तो** : क्या है मन्तर?

**केशो** : एक...दो...तीन....उठमउठूँ!
तीन...दो...एक...भरनभरूँ!
एक...दो...तीन...उड़नछू!
किसी से कहियो ना। कालीन बन लेन दो। फिर हम सब...उड़नछू।

**बरखू** : ऐसे। *(हाथ फैलाकर उड़ने का अभिनय करता है। हथकरघे से टकराकर गिर जाता है।)*

**लाखन** : *(हँसकर)* गधा।

**केशो** : ना, ऐसे नईं। सब...एक साथ...बोलो हाईशावा। खड़े हो जाओ। जोर लगाकर, हाईशावा। उठाओ कालीन एक साथ। *(लाखन के सिवा सब हाथ बढ़ाकर कालीन उठाने का अभिनय करते हैं।)* रखो दबाकर। जोर लगाकर। अब चढ़ो, एक-एक करके। हाँ कम्मो, तू चढ़। रख बरखू दबा के। सन्तो, अब तू चढ़। रख लक्खी दबा के। लक्खी, तू बी चढ़।

**केशो** : बरखू, चढ़ जा, सँभाल के। ले...मैं बी चढ़ लिया। अब बोलो सब मिलकर।

**सब** : एक...दो...तीन...उठमउठूँ!
तीन...दो...एक...भरनभरूँ!
एक...दो...तीन...उड़नछू!

*[सब ऐसे हाथ-पाँव चलाते हैं जैसे उड़ रहे हों। लाखन अपनी जगह खड़ा हो जाता है। जब वे उसे देखते हैं तो बैठ जाता है और रोटी चबाने लगता है।]*

**केशो** : बोलो, कहाँ जाना है?

**सब** : अपने गाँव। अपने गाँव।

**केशो** : नाम बोलो गाँव का। बरखू?

**बरखू** : गाँव उटारी।

**लक्खी** : गाँव छिछौरी।

**कम्मो** : गाँव बनखेटा।

**केशो** : अपना गाँव याद है, सन्तो?

**सन्तो** : *(उत्साह से)* गाँव सरसताल।

**केशो** : चल, ले चल गाँव उटारी। *(फिर सब उड़ने का अभिनय करते हैं।)*

**केशो** : *(कुछ देर बाद)* ले, आ गया गाँव उटारी। *(बरखू कूदकर उतर जाता है।)* *(उड़ान)* ये आया गाँव छिछौरी। *(लक्खी कूद जाती है।)* *(उड़ान)* गाँव बनखेटा। *(कम्मो उतरती है।)* *(फिर उड़ान)* सरसताल! *(सन्तो और केशो कूद जाते हैं।)*

**सन्तो** : *(ताली बजाकर)* आ गए अपने गाँव सरसताल।

**लाखन** : *(जोर से)* भूखों मरने।

**कम्मो** : अहा, कित्ता मीठा पानी! *(झुककर, ओक में लेकर पीती है।)*

**सन्तो** : सिंघाड़े बी तो तोड़। *(पानी में उतरकर छप-छप की आवाज करती है।)*

**बरखू** : भिस क्यों छोड़ दी? माई बनावेगी नईं, भाजी? तोड़ ले, तोड़ ले। *(पानी में कूदकर तोड़ने का अभिनय करता है। केशो पेड़ पर चढ़ने का अभिनय कर रहा है।)*

**लक्खी** : सन्तो, देख कुन्दरू, और कचरी। हाय, दोनों बेलें एक साथ! आ जा, खावें। *(सन्तो और लक्खी तोड़कर खाती हैं।)*

**सन्तो** : मैं तो कैर बटोरूँगी। दादी क्या चटपटा अचार बनावे है! आ जा रे केसो, बेरी भतेरी मिलेगी आगे।

**केशो** : बेरी नईं, गूलर है, गूलर! मैं पेड़ पे चढ़ा हूँ।

**कम्मो** : मैं बी महुआ पे। तू मुझे गूलर दे, मैं तुझे महुआ के फूल दूँ।

**केशो** : ना, तोड़ नईं। जब गिरेंगे तब बीनेंगे।

**लाखन** : *(फटकर)* बकवास। झूठ। कुछ नईं है तेरे गाँव में। ना कुन्दरू, ना बेरी। ना धान, ना पानी। गाँव जाओगे तो भूखों मरोगे। जैसे पहले बिके थे, फिर बिकोगे।

**कम्मो** : तुझे बेचा होगा तेरे बापू ने। हम ना बिके।

**लाखन** : मेरा बापू हई नईं।

**लक्खी** : तो माई ने बेचा होगा।

**लाखन** : माई मर ली मेरी।

**बरखू** : तो क्या भूत-प्रेत बेच गए? *(कहकर केशो के पीछे दुबक जाता है।)*

**कम्मो, लक्खी और सन्तो** : भूत का बेटा लाखन। प्रेत का जाया लाखन।

**लाखन** : *(गुर्राकर)* चुप! *(सब बच्चे सहमकर चुप हो जाते हैं।)* अपनी मर्जी का मालिक हूँ मैं। जो मन आवे करूँ हूँ।

**बरखू** : तो यहाँ क्यों आया मार खाने? *(फिर केशो के पीछे दुबक जाता है।)*

**लाखन** : भाग जाऊँगा, एक दिन, देख लेना। मैं क्या जानूँ था, ताला मारकर बन्द रखे हैं। घात लगाकर भाग जाऊँगा।

**सन्तो** : कौन गाँव है तेरा?

**लाखन** : कोई गाँव नईं है मेरा। जहाँ मर्जी बने चला जाऊँ हूँ।

**सन्तो** : हमरे गाँव आना। अहा, क्या ठंडी हवा, क्या मीठा पानी, क्या रसीले फल! दस पग्र चलो, जित्ती चाहो लकड़ी बटोर लो। कुन्दरू-कचरी खाओ, पानी पियो। नरम घास पर लेटो तो बस सो रहो।

**लाखन** : बकवास! कुछ नईं है तेरे गाँव में। ना जंगल, ना लकड़ी। ना पानी, ना धान, ना घास, ना फल। सब ठेकेदार काट ले गए।

**सन्तो** : हैं, हैं।

**लाखन** : नईं हैं। ना तेरे गाँव गें *(कम्मो को दिखलाकर)* ना तेरे। कुछ ना है थारे किसी गाँव में।

**सब** : *(चिल्लाकर)* हैं। हैं।

*(लाखन दोनों हाथों के अँगूठे दिखलाकर चिढ़ाता है।)*

**सब बच्चे** : हैं। हैं।

**लाखन** : *(हाथ-पैर चलाकर, बच्चों को मारते हुए)* परे हटो। एक बी पास आया तो जान से मार दूँगा। *(बच्चे डरकर दूर हो जाते हैं।)* केसो के बच्चे, दूर रख अपनी चूहों की पलटन। चुप! मैं सो रहा हूँ। *(लेटकर आँखें बन्द कर लेता है। बाकी बच्चे भी पेट में घुटने देकर, जहाँ-तहाँ लुढ़ककर सो जाते हैं। लाखन झपटकर उठ जाता है। हथकरघों को लात मारता है और बोलता है।)*

**लाखन** : उफ्, कितना नाराज हूँ मैं आज।
इतना गुस्सा उबले है मेरे भीतर
मेरे रास्ते में आए जो
चकनाचूर करके रख दूँ
जैसे रोटी टूटे है सूखने पे।

*[दर्शकों को घूरकर]*

यूँ ताको ना मुझे।
और न पगला उठूँ मैं।
मैं नाराज हूँ...

बिगड़ैल साँड़ की नाईं नाराज। *(टूटी आवाज में)* पर...लगे है....सुबह....तक... ये चुक...जावेगा।

*[आखिरी वाक्य कहते-कहते लाखन निराश भाव से नीचे ढहता है, फिर प्रकाश के लुप्त होने के साथ औंधा होकर लेट जाता है। बाकी बच्चे भी इधर-उधर पड़े सो रहे हैं। धीरे-धीरे प्रकाश वापस आता है। बच्चे अपनी-अपनी जगह उठकर बैठते हैं। आँखें मलते हैं और लूम के पीछे जाकर, पहले की तरह उसके धागों के बीच से धागा निकालकर गाँठें बाँधना शुरू कर देते हैं। सुपरवाइजर-दो भीतर आकर बच्चों के बीच घूम रहा है। प्रकाश बढ़ता है। सुपरवाइजर-एक भागकर भीतर आता है।]*

**सुपरवाइजर-एक** : *(आते-आते)* होसियार! तैयार! आ गए...

**सुपरवाइजर-दो** : पत्रकार?

**सुपरवाइजर-एक** : *(घुड़ककर)* काम रोको।

*[बच्चे, एक साथ मशीन की तरह, काम रोक देते हैं।]*

**सुपरवाइजर-एक** : उठो। *(बच्चे खड़े हो जाते हैं।)* पीछे चलो। *(बच्चे पीछे चलते हैं। मंच का एक चक्कर लगाकर सुपरवाइजर-एक पीछे चबूतरे पर पहुँचता है। बच्चे भी।)* बैठ जाओ। मुँह पर उँगली रखो। *(बच्चे बैठकर मुँह पर उँगली रखते हैं।*

*लाखन नहीं रखता।)* बैठे रहो। मुँह से आवाज नहीं। समझे! *(झपटकर लाखन के पास पहुँचता है)* उँगली रख मुँह पर।

**लाखन** : क्यों?

**सुपरवाइजर-एक** : हरामजादा! पूछता है, क्यों? तोड़ दूँ हरामजादे का...क्यों?

**सुपरवाइजर-दो** : छोड़। तेरा गुस्सा बहुत खराब है। मालिक ने कहा है, झंझट नहीं। सुनो सब ध्यान से। पुलिस आ रही है। पकड़कर ले जाएगी सबको।

**सुपरवाइजर-एक** : अब पूछ क्यों?

**लाखन** : क्यों?

**सुपरवाइजर-दो** : क्योंकि तुम स्कूल नहीं जाते।

**लाखन** : इसकूल है कहाँ, जो जावें?

**सुपरवाइजर-दो** : उससे क्या? कानून है, स्कूल जाना होगा। जो नहीं जाएगा उसके माई-बापू को जेल।

**सुपरवाइजर-एक** : पुलिस पकड़कर पीटना शुरू करेगी, सब 'क्यों' भूल जाएगा।

पकड़कर पेड़ से लटकाएँगे तेरी माई को। नीचे जलाएँगे आग। उसमें देंगे मिर्च की बुकनी।

*[लाखन के सिवा सब बच्चे जोर-शोर से सुबकने-रोने लगते हैं।]*

**सुपरवाइजर-दो** : कर दिया कबाड़ा! मुझे यह सब पसन्द नहीं है। *(चिल्लाकर)* चुप! *(बच्चे सहमकर चुप हो जाते हैं।)* *(प्यार से)* मुँह पर उँगली रखो। *(सब रखते हैं। लाखन नहीं रखता है।)* बैठे रहो। जब पुलिस चली जाएगी, हम दरवाजा खोल देंगे। कोई नहीं मारेगा तुम्हें। पुलिस को तुम

मिलोगे नहीं तो मारेगी कैसे? पर आवाज नहीं करना। चूँ भी की तो...ले जाएगी पकड़कर।

*[दरवाजा बन्द करके, ताला लगाते हैं। सीढ़ियाँ उतरकर काम की जगह बैठकर हथकरघा चलाने लगते हैं।]*

**लाखन** : सब झूठ है। पुलिस नईं, समाज-सेवक आवेंगे। पिछली खड्डी पे बी आए थे। क्या घुग्घू की नाईं बैठे हो? गाँव नईं जाना, केसो? उल्लू की तरह बैठा काहे है? वे लोग तुझे छुड़वाकर गाँव भिजवा सके हैं।

**केशो** : *(फुसफुसाकर)* सच्ची?

**लाखन** : सच्ची। गाँव जाके करेगा क्या? माई-बापू फिर पठा देवेंगे काम पे।

**केशो** : मेरी माई ना भेजे थी मुझे।

**सन्तो** : *(उँगली हटाकर)* मेरी बी।

**लाखन** : और बापू?

**लक्खी** : वो क्या जाने यहाँ का हाल!

**कम्मो** : उसे पता चले तो कब्बी ना भेजे।

**सन्तो** : हम जाकर बतलावेंगे।

**बरखू** : बापू...मुझे...नईं...ना...भेजेगा। *(सुबकने लगता है।)*

**लाखन** : रोना है तो चीखकर रो। नईं तो चुप रह। तुम घुग्घुओं के बस का कुछ ना है। ले, वो आ गए।

*[सब बच्चे नीचे झाँकते हैं जैसे खिड़की में से झाँक रहे हों। दर्शकों के बीच से मालिक दो औरतों और एक आदमी को लेकर नीचे मंच पर आता है।]*

**मालिक** : हें, हें...तसल्ली हो गई आपकी! हमारे यहाँ चौदह बरस से कम का कोई बुनकर नहीं है।

**लेबर ऑफिसर** : मैंने आपसे पहले ही कहा था। मैं इंस्पेक्शन कर चुका हूँ। यहाँ काम करनेवाले, सरकारी ट्रेनिंग स्कूल के ट्रेनी हैं या ये पुश्तैनी कारीगर।

**समाज-सेविका** : कुछ जमा नहीं।

**पत्रकार** : हैंड-निटेड कारपेट्स के लिए बच्चे जरूरी हैं। निम्बल फिंगर्स, यू नो। एक्सपोर्ट ऑर्डर भी इसी आदमी के नाम है।

**समाज-सेविका** : एक चक्कर और लगाएँ?

**मालिक** : चलिए, लंच कर लीजिए। थक गई होंगी। आपके लिए रबड़ी मँगवाई है। स्पेसल। आइए।

**पत्रकार** : अभी भूख नहीं है। चाय इतनी हैवी करवा दी आपने।

**समाज-सेविका** : *(सहसा)* हम आपका स्टोर देखना चाहते हैं।

**मालिक** : स्टोर? क्यों?

**लेबर ऑफिसर** : कालीन खरीदना है?

**मालिक** : कालीन होते तो नजर करता। पर यहाँ आर्डर मिलने पर माल बनता है और बनते ही रवाना हो जाता है। हैंड टु माउथ बिजनेस है, साहेब।

**लेबर ऑफिसर** : चट मँगनी पट ब्याह।

**पत्रकार** : दिखलाने में एतराज है?

**मालिक** : लो। मुझे क्या एतराज होगा!

*[सुपरवाइजर-एक और दो उठकर खड़े हो जाते हैं।]*

**मालिक** : क्या? खाने की छुट्टी? देखे नखरे इनके। जाओ। रास्ते में स्टोर खोलते जाना। साहेब लोग

देखना चाहते हैं। *(सुपरवाइजर-एक और दो जल्दी से ऊपर पहुँचते हैं।)* चलिए हुजूर! नाक पर रूमाल रख लीजिए। ऊन का स्टाक पड़ा है। सहरियों को उसकी धूर-मिट्टी ही बर्दास्त नहीं होती। *(हँसकर)* साँस फूल जाती है।

*[इतने में लाखन चिल्ला पड़ता है।]*

**लाखन** : बचाओ! बचाओ!

*[समाज-सेविका और पत्रकार चलते-चलते ठिठक जाते हैं। सुपरवाइजर बच्चों की पकड़-धकड़ करते हैं पर बच्चे छूटकर चिल्लाते रहते हैं।]*

**केशो** : बचाओ! बचाओ!

**लाखन** : ऊपर!

**केशो** : स्टोर के ऊपर!

**सन्तो** : जल्दी आओ!

**सब बच्चे** : बचाओ! बचाओ! स्टोर के ऊपर! ऊपर!

**लाखन** : मार डाला रे! बचाओ! बचाओ!

*[समाज-सेविका और पत्रकार भागती हुई ऊपर पहुँच जाती हैं और दरवाजा पीटने लगती हैं। अन्दर से बच्चे दरवाजे पर धक्का मारते हैं। नीचे मालिक और लेबर ऑफिसर रह जाते हैं। मालिक अर्थपूर्ण निगाहों से लेबर ऑफिसर को देखता है। इशारे से पूछता है, अब?]*

**लेबर ऑफिसर** : सॉरी। मेरे हाथ में नहीं है।

**मालिक** : फिर कमीसन किस बात का लेते रहे?

**लेबर ऑफिसर** : कमीशन? कैसा कमीशन? दरवाजा खोलिए जाकर! जानते हैं आपने कितना संगीन जुर्म किया है! आजकल बाल-मजदूरों को लेकर दिल्ली में हंगामा मचा हुआ है।

**मालिक** : खाक। *(दर्शकों को दिखलाकर)* पूछ लीजिए। एक-एक के घर में मिर्जापुरी कालीन बिछा होगा।

**समाज-सेविका** : *(घूमकर)* अब नहीं बिछेंगे।

**पत्रकार** : जनता को नाकारा मत समझिए।

**लेबर ऑफिसर** : *(औरतों से)* वेल डन। *(मालिक से)* दरवाजा खोलिए, जल्दी! *(मालिक दरवाजा खोलता है।...बच्चे भागते हुए आते हैं और मंच पर नाचते हैं।)*

*[प्रकाश लुप्त]*

*[दृश्य : दो और अंक : एक समाप्त]*

# अंक : दो

## दृश्य : एक

*[एक महीने बाद, दोपहर का समय। गाँव की चौपाल। आम सभा हो रही है। चबूतरे पर एक मेज और तीन कुर्सियाँ रखी हैं। कलेक्टर, समाज-सेविका और पत्रकार बैठे हैं। गले में फूल-मालाएँ हैं। जमीन पर गाँववाले बैठे हैं।]*

**समाज-सेविका** : पूज्य अध्यक्ष महोदय, सम्मानित सज्जनो, भाइयो और बहिनो! आज हमारे गाँव के लिए बहुत शुभ दिन है। आज गाँव के किडनैप्ड बच्चे माँ-बाप की गोद में लौट आए हैं। यह शुभ घड़ी आई है, हमारे पत्रकार बन्धुओं के एफर्ट से। आप लोगों की मेहनत से यह महान वर्क पूरा हो गया। *(ताली)* हमारे वकील साथी भी पीछे नहीं रहे। आपके एफर्ट से केस सुप्रीम कोर्ट में लड़ा गया और हमारे फेवर में डिसाइड हुआ। विमेन ग्रुप्स ने बहुत मदद की। मैं कहती हूँ, जहाँ भी अन्याय होता है, सबसे पहले औरतें लड़ने आती हैं।

**कलेक्टर** : *(हँसकर)* गुलाम हैं आपके, नलिनीजी।

**समाज-सेविका** : हम सबकी हार्ट-फेल्ट मेहनत से आज यह दिन

आया है, जब हमारे अध्यक्ष, कलेक्टर महोदय यहाँ पधारे हैं, सरकार की बँधुआ मजदूर मुक्ति योजना के तहत इन मुक्त कराए गए बच्चों को दुबारा...रिहैबिलिटेट...करने। मैं उनका स्वागत करती हूँ। शुरू करें।

**कलेक्टर** : *(खड़े होकर)* भाइयो और बहिनो! मुझे खुशी है कि मुझे मौका मिला कि आपकी सेवा कर सकूँ। हमने तय किया है कि मुक्त कराए हर लड़के को हम...एक बढ़िया, सेहतमन्द दुधारू गाय देंगे।

**लाखन** : *(हँसकर)* फिर गाय!

**कलेक्टर** : कौन है यह बदतमीज।

*[समाज-सेविका कान में फुसफुसाती है।]*

**लाखन** : *(खड़े होकर)* आपकी यह बढ़िया, सेहतमन्द दुधारू गाय खावेगी क्या?

**कलेक्टर** : क्या मतलब? जो खाती है, वही खाएगी।

**लाखन** : हवा खाकर जिए तो ठीक है।

**केशो** : *(खड़े होकर, अदब के साथ)* साहेब, बात यूँ है कि गाँव में सूखा पड़ा हुआ है। ना चारा है, ना घास।

**रमई** : ठीक कहे है यह छोरा। यहाँ जो ढोर-डंगर हैं, वही मुए बराबर हैं। गैया माई की सेवा कैसे करेंगे?

**केशो का बाप** : बहिनजी कही थीं, लड़कों को रिक्सा दिला देवेंगी। सो मिले तो किरपा हो।

**समाज-सेविका** : *(फुसफुसाकर)* यही तय हुआ था।

**कलेक्टर** : अजीब गाँववाले हैं! गाय नहीं चाहते!

**समाज-सेविका** : इतनी गायें आईं कहाँ से?

**कलेक्टर** : एक अमरीकन कम्पनी ने कुछ क्रॉस-ब्रीड गायें हरियाणा सरकार को डोनेट की थीं। वे बाँट दी गईं तो ये गायें सरप्लस हो गईं। हमने ले लीं। हमें क्या मालूम था, ऐसे गाँव से पाला पड़ेगा! इनका धर्म-वर्म नहीं है क्या?

**दादी** : धरम काहे ना है, बबुआ! गैया माई मिलें तो अहोभाग्य! *(हाथ जोड़कर माथे से लगाती है)* पर खाने को तो चइए ना!

**तीसरा गाँववाला** : सरकार, साथ में चारा दिलवा दें, तो...

**कलेक्टर** : *(खीझकर)* जी हाँ। सरकार, आपके लिए, रोज जेब में भरकर चारा लाएँगे।

**दादी** : *(चिल्लाकर)* तो जंगल काहे काट ले गए हमरा? जब सब था, गैया देई नईं। अब भूखों मरे हैं तो आएँ हैं धरम सिखाने!

**रमई** : माफी दें, सरकार। बूढ़ी है। आधा पेट खा के बौरा गई है। बच्ची को चोर उठा ले गए थे। हम दोनों गए थे, दूर सड़क बनाने। अब्बी लौटे। बुढ़िया बिचारी, इकली, घास चबा-चबा के पगला गई। आप जो देंगे, सिर-आँखों पे।

**लाखन** : पर, सरकार, सिर-आँखों पर बैठी गाय खाएगी क्या?

**केशो** : लाखन ठीक कहे है, हमें गाय ना चइए।

**केशो का बाप** : चुप। तू कौन होवे मना करनेवाला!

**लाखन** : *(हँसकर)* गाय उसे मिलेगी, तुझे नईं।

**दादी** : हमरा जंगल काट के नहर बनाई। हमने जाना खेतों को पानी मिलेगा। मिला दुसरों को। हमरा जो था, वो भी चला गया। अब ना जंगल है, ना घास। ना पानी, ना चारा! गाय कैसे पोसेंगे?

**केशो** : मुझे गाय ना चइए। मैं पढ़ना चाहूँ हूँ।

**केशो का बाप** : पढ़कर कलट्टर बनेगा, हरामी! माफी सरकार!

**समाज-सेविका** : तुम पढ़ना चाहते हो?

**केशो** : जी। मैं सहर जाकर नौकरी करना चाहूँ हूँ। मुझे गाय ना चइए।

**लाखन** : *(मजे से)* इसकी गाय भी मुझे दे देवें सरकार। गोदान महादान।

**केशो** : तू क्या करेगा?

**लाखन** : बेचूँगा। साहूकार को। नईं तो वापिस सरकार को। जित्ते दिन पैसे रहवेंगे मौज करूँगा। फिर वापिस बँधुआ मजदूरी। फिर कोई छुड़ावेगा। फिर गाय मिलेगी, फिर बेचूँगा। फिर वापिस मजदूरी।

**कलेक्टर** : पागल है? *(बच्चों से)* बाहर करो इसे। यहाँ काम हो रहा है, इसे मजाक सूझ रहा है। *(बच्चे मशीन की तरह उठते हैं और लाखन के पास आते हैं।)*

**लाखन** : *(हाथ लगते ही, गुर्राकर)* छूना मत मुझे। बिगड़ैल साँड़ की तरह हूँ मैं। *(कहकर ठीक कलेक्टर के सामने आ जाता है।)* एकदम पागल कुत्ते की तरह हूँ। *(गुर्राकर)* मारना है तो खुद मार लो मुझे।

**समाज-सेविका** : *(कलेक्टर से)* प्लीज, कुछ कहिए मत। इसकी गाय इसे दे दीजिए और दफा कीजिए। ये *(दर्शकों की तरफ देखकर)* इतने पत्रकार बैठे हैं यहाँ...सब छाप देंगे। लो बेटा, गाय लो। *(पीछे से गाय के रँभाने की आवाज आती है।)*

**कलेक्टर** : *(समाज-सेविका से)* बेचारा! आधा पागल लगता है।

**समाज-सेविका** : हाँ। बेचारा! जाओ बेटा, अपनी जगह बैठो।

*[लाखन उसी आक्रामक मुद्रा में खड़ा रहता है।]*

**समाज-सेविका और कलेक्टर** : जाओ, प्लीज बैठो। प्लीज। गुस्सा थूक दो।

**लाखन** : *(थूककर)* लो! *(वापस बैठ जाता है।)*

**दादी** : *(चिल्लाकर)* वापिस कर दे रे, बचवा। हमें गैया नईं चइए। *(दृढ़ आवाज में)* हमें हमरा जंगल दो। नईं तो नहर का पानी दो।

**कलेक्टर** : *(समाज-सेविका से)* किस मुसीबत में फँसा दिया, नलिनीजी!

**समाज-सेविका** : *(मोहक कटाक्ष के साथ)* आपका इलाका है।

**दादी** : *(चिल्लाए जा रही है)* जंगल दो। नईं तो पानी दो। जंगल दो। नईं तो पानी दो।

**कलेक्टर** : *(गाँववालों से)* चुप कराइए बुढ़िया को। पैसा चाहिए कि नहीं?

*[पुरुष दादी को पकड़कर बाहर ले जाने की कोशिश करते हैं।]*

**दादी** : *(अपने को छुड़ाकर, चिल्लाती है)* नईं दे सको तो निकल जाओ। हमें यूँ ई रहन दो। नईं चइए गैया थारी। नईं चइए पैसा थारा।

**रमई** : पगला गई है, सरकार!

*[तीनों उसे पकड़कर बाहर ले जाने में सफल हो जाते हैं। उसे बाहर छोड़कर, वापस आते हैं और कलेक्टर के सामने हाथ जोड़कर अपनी जगह बैठ जाते हैं।]*

**कलेक्टर** : आगे की कार्यवाही करें? *(नाम पुकारता है)* केशो वल्द आदमसिंह।

**केशो** : *(हाथ जोड़कर)* हुजूर, मुझे गाय नईं चइए। मैं पढ़ना चाहूँ हूँ। मुझे इसकूल में भर्ती करवा दें, सरकार।

*[उसका बाप उसके पास पहुँच जाता है और उसे चुप कराने की कोशिश करता है।]*

**कलेक्टर** : *(टालते हुए)* ठीक है। हम देखेंगे। जरूर देखेंगे अभी गाय ले लो।

**समाज-सेविका** : ले लो। बापू को दे देना। पढ़ना चाहते हो, जरूर पढ़ो। मैं पढ़ाऊँगी तुम्हें। मेरे साथ शहर चलोगे?

**केशो** : थारा सब काम करूँगा, बस, पढ़ाई करवा दो।

**समाज-सेविका** : ठीक है। अभी बैठो।

**लाखन** : *(हँसकर)* फँस गया जाल में!

**केशो** : तू चोंच बन्द रख।

**लाखन** : कारखानेवाले बी यई कहे थे ना—पढ़ावेंगे, लिखावेंगे, काम सिखावेंगे।

**केशो** : अरे, वो थे राछस। बन्द करके रखा था हमें। ये है परियों की रानी, हमें छुड़ाया है कि ना!

**लाखन** : तेरी कहानियाँ कब्बी खत्म होवेंगी कि ना!

**सन्तो** : *(पास जाकर, केशो से)* मुझे भी सुनाओ कहानी।

**लाखन** : मैं सुनाऊँ। एक थी सन्तो। उसे मिली एक गाय। गाय गई चरने। चरने को मिली ना घास। गाय गई बौराय। बोले, क्या खाऊँ, क्या खाऊँ? खा गई कलट्टर को। *(सन्तो और केशो हँस पड़ते हैं।)* *(सहसा)* अरे, सन्तो को तो गाय मिली ना!

**कलेक्टर** : अब लड़कियों की बारी। मुक्त करवाई गई हर लड़की को एक सिलाई मशीन दी जाएगी।

*[समाज-सेविका और महिला पत्रकार तमककर खड़ी हो जाती हैं।]*

**दोनों औरतें** : *(एक साथ, जोर से)* कभी नहीं।

**कलेक्टर** : *(अचकचाकर)* क्यों ?

**गाँववाले** : सिलाई मसीन। ये बढ़िया कही।

**समाज-सेविका** : लड़कियों के खिलाफ डिसक्रिमिनेट करेंगे आप ?

**कलेक्टर** : बिलकुल नहीं।

**पत्रकार** : आपको मालूम होना चाहिए—दिस इज द ईयर ऑफ द गर्ल चाइल्ड। क्या कहते हैं हिन्दी में... मादा बच्चे का साल है यह।

**समाज-सेविका** : *(गुस्से से)* लड़के गायें पाल सकते हैं, लड़कियाँ नहीं ?

**पत्रकार** : जानते नहीं आप, डेरी का, गाय-भैंसों का, सारा काम औरतें करती हैं ?

**समाज-सेविका** : आप क्या चाहते हैं, लड़कियाँ सारी उम्र कपड़े सीती रहें ?

**रमई** : *(हाथ जोड़कर)* भगवान भली करेंगे। कमाई का सहारा कर दिया। छोरी को सिलाई मसीन मिल गई।

**समाज-सेविका** : नहीं।

**पत्रकार** : कभी नहीं।

**कलेक्टर** : देखिए, जब ये लोग चाहते हैं...

**समाज-सेविका** : *(बीच में)* इनके चाहने से क्या होता है ? गँवार गावदी जानते क्या हैं ? हम यह डिसक्रिमिनेशन बर्दाश्त नहीं करेंगी।

**दोनों महिलाएँ** : कभी नहीं। कभी नहीं।

**रमई** . सिलाई मसीन देने दें, बहिनजी। लड़कियाँ अच्छी सिलाई कर लेवे हैं। पैंठ में काम मिल जावेगा।

**समाज-सेविका** : *(व्यंग्य से)* वही तो। लड़कियाँ काम करेंगी और आप बैठकर खाएँगे!

**पत्रकार** : कभी नहीं।

**समाज-सेविका** : इसीलिए हमने लड़ाई की? विमेन ग्रुप्स को उकसाया?

**पत्रकार** : बिलकुल नहीं।

**कलेक्टर** : लड़कियों से पूछ लेते हैं। लड़कियो, इधर आओ सब। *(तीन लड़कियाँ आती हैं।)*

**कलेक्टर** : *(प्यार से)* बोलो, सिलाई मशीन लेना चाहती हो ना? बोलो, लेना चाहती हो? *(लड़कियाँ चुप)*

**गाँववाले** : हाँ, हुजूर। बिलकुल हुजूर। दे देवें हुजूर।

**कलेक्टर** : *(डाँटकर)* आप लोग चुप रहिए। लड़कियों को बोलने दीजिए। बोलो, चाहती हो? *(तीनों लड़कियाँ हाँ में सिर हिलाती हैं।)*

**दोनों औरतें** : *(एक साथ)* जबर्दस्ती कर रहे हैं आप।

**समाज-सेविका** : *(लड़कियों से प्यार से)* बोलो बेटी, मशीन चाहिए या गाय? *(लड़कियाँ चुप)* बोलो *(लड़कियाँ मुँह उठाकर फिर लटका लेती हैं।)* मुँह क्या लटका रखा है? बोलो, मशीन चाहिए कि गाय?

**सब लड़कियाँ** : *(डरकर)* कुछ नईं।

**समाज-सेविका** : देखा आपने! कितना डर गई हैं! आप इन्हें इंटीमिडेट नहीं कर सकते। हम उसके खिलाफ

प्रदर्शन करेंगी। *(चिल्लाकर)* लड़का-लड़की बराबर हैं।

**दोनों महिलाएँ** : बराबर हैं। बराबर हैं। *(औरतें मंच पर घूमकर हाथ फेंक-फेंककर चीखती हैं। पीछे से नारों की तरह शोर आता है।)* बराबर हैं। बराबर हैं।

**औरतें** : लड़की को दबाओगे, सारी उमर पछताओगे।

**( पीछे से नारे )** : पछताओगे। पछताओगे।

**औरतें** : लड़का-लड़की एक समान
जो माने सो सुजान।

**( पीछे से नारे )** : सो सुजान। सो सुजान।

**औरतें** : जो हमसे टकराएगा

**( पीछे से नारे )** : चूर-चूर हो जाएगा।

**कलेक्टर** : *(जोर से चिल्लाता है)* चुऽऽप! *(सब लोग भौचक चुप हो जाते हैं।)* आप लोग चाहते क्या हैं? लड़कियों को गाय दी जाए? ठीक है। सिलाई मशीन लड़कों को दे देते हैं, गाय लड़कियों को।

**समाज-सेविका** : नहीं। दोनों को एक चीज। *(नारा लगाकर)* लड़का-लड़की एक समान।

**पत्रकार** : न कोई कम, न कोई ज्यादा।

**समाज-सेविका** : न कोई हाथी, न कोई प्यादा।

**पत्रकार** : *(तुकबन्दी पर प्रसन्न)* गुड!

**कलेक्टर** : प्लीज!

**केशो का बाप** : हुजूर, दोनों को सिलाई मशीन दे देवें।

**रमई** : हाँ, साहेब।

**पत्रकार** : यह ठीक है।

**समाज-सेविका** : हमें मंजूर है।

**लाखन** : अपन गाय नईं, सिलाई मसीन बेच लेवेंगे।

**रमई** : *(पुकारकर)* केसो, ले आ गाय वापिस।

**कलेक्टर** : *(मेज ठोककर)* ऑर्डर! ऑर्डर!

**समाज-सेविका** : अब क्या हुआ?

**कलेक्टर** : सिलाई मशीनें और नहीं हैं।

**समाज-सेविका** : क्यों?

**कलेक्टर** : पिछले साल, दंगों के बाद, बाँटने को मिली थीं। उनमें से तीन-चार बच गई थीं।

**समाज-सेविका** : *(अर्थपूर्ण भाव से)* ऐसा!

**कलेक्टर** : हमने सोचा, पड़ी-पड़ी जंग खाएँगी, यहाँ लड़कियों को बाँट दी जाएँ।

**समाज-सेविका** : ऐसा?

**कलेक्टर** : इसमें गलत क्या है?

**समाज-सेविका** : *(आँखें उस पर गड़ाकर)* और इस बार जो पैसा मिला, रिहैबिलिटेशन के लिए, उसका क्या किया?

**कलेक्टर** : अभी सैंक्शन हुआ है, मिलने में सालों लगेंगे। स्थिति को समझने की कोशिश कीजिए।

**समाज-सेविका** : तो मशीन बेचकर गाय खरीदिए।

**कलेक्टर** : *(मनाते हुए)* नलिनीजी, आप भावुक बहुत हैं।

**समाज-सेविका** : जी नहीं। मैं काम में भावुकता पसन्द नहीं करती।

**कलेक्टर** : *(गुस्से से)* ठीक है। *(रमई से)* हमारे ड्राइवर को बुलाओ। *(रमई भागकर बाहर जाता है और ड्राइवर की टोपी लगाए वापस आता है।)*

**ड्राइवर** : *(सलाम ठोककर)* साहेब!

**कलेक्टर** : ये सिलाई मशीन उठाओ और बँगले पर ले जाओ।

**ड्राइवर** : जी।

**कलेक्टर** : फार्म पर जाकर तीनों गायें यहाँ ले आओ।

**ड्राइवर** : *(अचरज से)* काहे साहब? वो तो दुधारू हैं।

**कलेक्टर** : बहस मत करो। जाओ। *(ड्राइवर जाता है।)*

**समाज-सेविका** : *(हाथ छाती पर बाँधकर व्यंग्य से)* ऐसा!

**कलेक्टर** : ये हमारी अपनी गायें हैं। हरियाणा सरकार से खरीदी हैं। हमारे फार्म पर पानी, घास, चारा सब है। सोचा था, पल जाएँगी तो इस प्रदेश का कुछ भला होगा।

**दादी** : *(भीतर आकर)* फिर जंगल काहे काट ले गए हमरा?

**कलेक्टर** : यह बुढ़िया फिर आ गई।

**दादी** : है कहाँ फारम थारा? इस जिले में, कि दूसरे?

**कलेक्टर** : यहीं है।

**दादी** : तब वहाँ सूखा काहे ना पड़ा, रामजी थारे वास्ते अलग बरखा करे हैं?

**कलेक्टर** : *(हाथ जोड़कर)* माताजी, रामजी के भरोसे नहीं जीते हम। ट्यूबवेल लगवाया है।

**दादी** : अपने घर टूबेल लगा लिये। हमरा जंगल काट ले गए। ये थारा न्याय हुआ। हमरा जंगल वापिस करो। *(चिल्लाकर)* हमरा गोचर वापिस करो।

**केशो का बाप** : हुजूर, थारे वहाँ चारा-पानी है, तो हमरे बच्चों को ले जाएँ। थारा गोबर-सानी करेंगे। बुआई-कटाई करेंगे। झाड़ू-बुहारू करेंगे। बदले में हमरी गाय पल जावेंगी।

**रमई** : हाँ, हुजूर ले जावें। घनी कमेरी छोरी है मेरी।

**समाज-सेविका** : *(जोर से)* नहीं, कभी नहीं।

**दादी** : बच्चे नई जावेंगे। हमें हमरा जंगल चइए।

**समाज-सेविका** : *(दर्शकों से)* बच्चे इनके फार्म पर चले गए तो

बँधुआ के बँधुआ। साठ प्रतिशत बच्चे बड़े खेतों पर बँधुआ मजदूरी करते हैं। उन्हें मुक्त कराने के लिए हम डिटरमिंड हैं। बच्चे नहीं जाएँगे।

**कलेक्टर** : आप जो केशो को ले जा रही हैं!

**समाज-सेविका** : मैं उसे पढ़ाने ले जा रही हूँ, मजदूरी कराने नहीं। *(व्यंग्य से)* मेरे घर में न घास है, न पानी।

**कलेक्टर** : *(व्यंग्य से)* घास न हो, मैडम, पानी जरूर होगा। शावर, टब, कूलर, गमले सब। और जो बढ़िया खिड़की-दरवाजे आपके फ्लैट में लगे हैं, जो कलात्मक फर्नीचर आपने बैठक में सजा रखा है, इन्हीं के जंगल की लकड़ी से बना है।

**समाज-सेविका** : मैंने इनका जंगल नहीं काटा।

**कलेक्टर** : मैंने भी इनके गोचर नहीं मिटाए। यह सब उसकी मर्जी है।

**समाज-सेविका** : भगवान की?

**कलेक्टर** : जी नहीं। उस सरकार की, जिसका चेहरा नहीं होता। उस समाज की, जिसकी पहचान नहीं है। उस राष्ट्रीय नीति की, जिससे लड़ा नहीं जा सकता। उस बेगुरव्वत दौड़ की, जिसे प्रगति के नाम से जाना जाता है, पर जिसका ध्येय क्या है, कोई नहीं जानता। अंग्रेजी में इसे डाइनैमिक्स ऑफ द सिचुएशन कहते हैं।

**पत्रकार** : बहुत हो गई फिलॉसफी। गाय बाँटिए और हमें छुट्टी दीजिए। चार बजे हमें पटना पहुँचना है। सी.एम. का बर्थडे है।

*[गायों के रँभाने की आवाज दूर से पास तक आती है।]*

**कलेक्टर** : लीजिए। आ गईं ! आप ही बाँट दीजिए नलिनीजी ! आज का दिन आपका रहा।

**पत्रकार** : बँधुआ मुक्ति जिन्दाबाद !

**समाज-सेविका** : नारी मुक्ति जिन्दाबाद !

**पत्रकार** : लड़का-लड़की बराबर हैं।

**लाखन और दादी** : दोनों भूखों मरे हैं।

**दोनों औरतें** : बराबर हैं, बराबर हैं।

**लाखन और दादी** : दोनों पानी को तरसे हैं।

**दोनों औरतें** : बराबर हैं। बराबर हैं।

**लाखन और दादी** : दोनों खड्डी में खटे हैं।

**दोनों औरतें** : बराबर हैं। बराबर हैं।

**लाखन और दादी** : दोनों मालिक से पिटे हैं।

**दोनों औरतें** : बराबर हैं। बराबर हैं।

*[प्रकाश लुप्त]*

*[दृश्य : एक समाप्त]*

## दृश्य : दो

*[प्रकाश वापस]*

*[छह महीने बाद। क्वार का महीना। शाम का समय। गाँव का चौपाल। केशो और लाखन के अलावा सन्तो के साथ अन्य बच्चे मंच पर हैं। सुस्त, निढाल।]*

**सन्तो** : *(आसमान की तरफ ताककर)* वो देख, बदली।

**दूसरा लड़का** : नईं है।

**सन्तो** : दूर है, इससे दीखे ना है। वो देख *(ऊपर इशारा करके)* वहाँ।

**दूसरी लड़की** : *(आँख उठाकर देखती है)* नईं है।

**तीसरी लड़की** : है।

**सन्तो** : अब्बी बरखा होवेगी। खूब बरखा होवेगी। *(धीरे-धीरे, जैसे सपना देख रही हो)* बरखा होवेगी तो घास उगेगी।

**तीसरी लड़की** : *(उसी सुर में)* घास उगेगी तो गैया खावेगी।

**दूसरी लड़की** : खावेगी तो दूध देवेगी।

**दूसरा लड़का** : दूध देवेगी तो घी बनेगा।

**तीसरी लड़की** : घी बेच सत्तू आवेगा।

**सन्तो** : *(उत्साहित)* सत्तू घोल खावेंगे। वो देख बदली।

**लाखन** : *(आते हुए)* बदली नईं, जादू का कालीन है। बतलाया था ना केसो ने?

**दूसरा लड़का** : *(डरी आवाज में)* बड़ राछस बैठा है उस पे?

**लाखन** : ना रे, केसो है।

**सन्तो** : केसो आ गया। आ केसो, नीचे आ।

**सब मिलकर** : नीचे आ। नीचे आ।

**लाखन** : ऐसे नईं। मन्तर बोलना होगा।
एक...दो...तीन, रुकमरुको।
तीन...दो...एक, उतरमउतरो।
एक...दो...तीन, पकड़ लिया।
बोलो, सब मिलकर।

**सब मिलकर** : एक...दो...तीन, रुकमरुको।
तीन...दो...एक, उतरमउतरो।
एक...दो...तीन, पकड़ लिया।

**लाखन** : *(कूदकर)* आया गाँव सरसताल।

**सन्तो** : बोल, कहाँ से आया?

**लाखन** : चम्पाद्वीप से।

**दूसरी लड़की** : मोती लाया कि फूल?

**लाखन** : राजकुमारी को पकड़ ले गया बड़ राछस।

**बच्चे** : *(डरकर)* राछस?

**लाखन** : मैं खोजूँ उसे गाँव-गाँव।

**सन्तो** : कौन गाँव?

**लाखन** : गाँव उटारी?

**दूसरा लड़का** : और?

**लाखन** : गाँव छिछौरी।

**तीसरी लड़की** : और?

**लाखन** : गाँव बनखेटा।

**दूसरी लड़की** : और?

**लाखन** : बनखेटा में मिला राछस। जंगल में छुपा। झाड़ी के पीछे। राजकुमारी बुने थी कालीन।

**सन्तो** : जादू का कालीन ?

**लाखन** : हाँ। वोई। राजकुमारी रोवे और बुने। बुने और रोवे। राछस आवे, मोती बटोरे और हो जावे उड़नछू।

**तीसरी लड़की** : कालीन पे !

**लाखन** : ना। कालीन बना कहाँ था! राछस जावे सहर खाना खाने। इत्ता खावे, इत्ता खावे, फिर भी कहे, खाऊँ-खाऊँ, खाऊँ-खाऊँ। इसको खाऊँ, उसको खाऊँ; तुझको खाऊँ, सबको खाऊँ।

**दूसरा लड़का** : फिर ?

**लाखन** : मैं छुपा रहा महुआ के पीछे। राछस जावे तो बाहर निकल आऊँ। मुझे देख राजकुमारी हँसे और सिंघाड़े गिरने लगें।

**सन्तो** : सिंघाड़े ? धत्, फूल।

**लाखन** : ना, सिंघाड़े। ये बड़े-बड़े सिंघाड़े मैं खाऊँ, जमा करूँ, खाऊँ। अब बी हैं, ढेरों।

**सब बच्चे** : दे-दे, हमका दे।

**लाखन** : दूँगा। कहानी पूरी होन दो।
एक दिन...कालीन खत्म होने को आया... राजकुमारी खूब रोई। खूब रोई। राछस मोती बटोर-बटोर थक गया। भागा सहर। खूब खाया, खूब खाया। खा-खा के हुआ बेहाल। पेट फूला, साँस फूली, हाथ-पाँव फूले।

**दूसरी लड़की** : *(खुश होकर)* मर गया ?

**लाखन** : ऐसे ना मरा करें राक्षस। बस तेज ना चल पावे था। हाँफते-हाँफते लौटा राजकुमारी के पास। इत्ते में...इत्ते में...इत्ते में...।

**सन्तो और तीसरी लड़की** : *(ताली बजाकर)* कालीन पूरा हो गया।

लाखन : हाँ। मैंने पकड़ा राजकुमारी को और ऊपर चढ़ा लिया। मन्तर बोलूँ कि...राछस लौट आया।

दूसरा लड़का : *(डरकर)* लौट आया?

लाखन : पकड़ लिया कालीन का कोना। बाप रे, जैसे भैंसे ने दाब रखा हो।

दूसरी लड़की : फिर?

लाखन : मैंने सिंघाड़ा निकाला जेब से। फेंक दिया उसकी तरफ। हप। बिला हाथ छोड़े गटक गया राछस। राजकुमारी बोली, एक सिंघाड़ा मैं फेंकू, एक सिंघाड़ा तू। राछस खावे...

बाकी बच्चे : दोनों हाथ से।

लाखन : एक...दो...तीन, उठमउठूँ।

बाकी बच्चे : राछस खावे हप-हप-हप।

लाखन : तीन...दो...एक, भरनभरूँ।

बच्चे : हप-हप-हप!

लाखन : एक...दो...तीन...उड़नछू।

बच्चे : *(नीचे गिरकर)* हप-हप-हप!

लाखन : मैं उड़ा ले गया राजकुमारी को। पहुँचा आया चम्पाद्वीप।

दूसरा लड़का : और सिंघाड़े? निबट लिये?

लाखन : यो रहे। *(हाथ आगे कर)* तू बी ले। तू बी। तू बी।

*[सब बच्चों के हाथ पर कुछ रखने का अभिनय करता है। बच्चे हाथ मुँह तक ले जाते हैं।]*

दूसरा लड़का : *(सहसा, रोकर)* नहीं। मुझे सच्ची का चइए।

दूसरी लड़की : मुझे बी। भूख लगी है।

**तीसरी लड़की** : मुझे नईं खेलना। भूख लगी है।

**सन्तो** : एक बी नईं है?

**लाखन** : आओ इधर, बात सुनो राज की।
चढ़ जाओ कालीन पे।
मन्तर पढ़ो।

**सब बच्चे** : एक...दो...तीन, उठमउठूँ।
तीन...दो...एक, भरनभरूँ।
एक...दो...तीन, उड़नछू।

**लाखन** : चलो जंगल के किनारे।

**बच्चे** : काहे? *(उड़ने का अभिनय करते हैं।)*

**लाखन** : बहोत लोग आए हैं सहर से। पता करन सूखा क्यों पड़े है? जंगल क्यों कटे है? पानी किधर जावे है? खूब खाना साथ लाए हैं। पूरी-चना और भात। जंगल में बैठ पिकनिक मनावे हैं। खावे हैं, बस खावे हैं। खाए ही जावे हैं।

**तीसरी लड़की** : राछस हैं?

**लाखन** : नहीं। सहरी। उड़ चलें उनके पास। दे देवेंगे कुछ हमें बी। *(बच्चे उड़ने का अभिनय करते हैं।)*

**सन्तो** : वहाँ बरखा होवेगी?

**लाखन** : सायद होवे!

**दूसरी लड़की** : बरखा होवेगी तो घास उगेगी।

**तीसरी लड़की** : घास उगेगी तो गैया खावेगी...

*[उड़ने का अभिनय करते बाहर जाते हैं।]*

**सन्तो** : *(सामने दिखलाकर)* वो देख, बदली।

**दूसरी लड़की** : पकड़ ले। कित्ती पास है!

**सब बच्चे** : अब बरखा होवेगी। होके रहवेगी। *(बच्चे जाते हैं।)*

*[बच्चे दाईं ओर से बाहर जाते हैं। उतने में सब गाँववाले बाईं ओर से मंच पर आते हैं।]*

पड़ रहा छप्पनिया का काल।
पड़ रहा कैसा री दुकाल।
दिया री महँगाई ने मार।
दमड़ी के हो गए चार॥
अन्न-दाल का टोटा पड़ा।
कपड़ा मिले न हाट।
बालक सारे रोते डोलें।
जीना जी का जंजाल॥
पड़ रहा छप्पनिया का काल।
पड़ रहा कैसा री दुकाल॥

*[मंच के पीछे से गायों के रँभाने की आवाज के साथ पुरुष आगे आते हैं। स्त्रियाँ पीछे बैठ जाती हैं। सामने से कलेक्टर मंच पर आता है। पुरुष हाथ जोड़कर उसके पास खड़े होते हैं।]*

**कलेक्टर** : *(दुखी स्वर में)* हद हो गई! इस हाल में गायें मेरे पास लेकर आए हैं। पहले लाते तो शायद कुछ हो सकता। पर नहीं, आप लोग तो बच्चों को भी अस्पताल तब लाते हैं जब बचने की उम्मीद न रहे। गलती की आप लोगों को गायें देकर।

**रमई** : हम तो साहेब, मना करे रहे।

**कलेक्टर** : कहाँ करे रहे? लड़कियों को मशीन दे रहे थे, उन्हें भी गाय दिलवा दी।

**केशो का बाप** : हम तो कहे हुजूर, सिलाई मसीन बढ़िया रहवेगी।

**कलेक्टर** : कहाँ कहे? कोई समाज-सेवक है, कोई पत्रकार है। सब काम में टाँग अड़ाते रहेंगे। पता किसी को कुछ है नहीं। *(दर्शकों को दिखलाकर)* अब इन लोगों को क्या पता, हमारे काम के बारे में?

**तीसरा गाँववाला** : कुछ ना हुजूर! बस, आपका सहारा है।

**कलेक्टर** : अपने पास से गायें दी थीं। मोटी, दुधारू। अब हाल देखिए। और कहते हैं, मैं खरीद लूँ। वाह! पहले नहीं आया गया आपसे। मेरे घर में मरेंगी तो गोहत्या किसे लगेगी? मरेंगी जरूर। हाल देखिए। हड्डी-हड्डी अलग।

**रमई** : तीन हफ्ते से मजूरी ना मिली।

**कलेक्टर** : मिल जाएगी। नाप-जोख होगी, हिसाब लगेगा, बिल पास होगा। तभी न पैसा आएगा। तीन हफ्ते क्यों, तीन महीने भी लग सकते हैं। मैं अपनी जेब से तो दे नहीं सकता। रात-दिन इसी काम में खपता रहता हूँ। अभी तक रिहैबिलिटेशन का पैसा नहीं आया। तीन हफ्ते पहले मंजूरी मिली थी न?

**केशो का बाप** : तीन हफ्ते पहले तो कामई न मिला था।

**कलेक्टर** : तीन महीने पहले सही।

**तीसरा गाँववाला** : तीन महीने पहले तो सूखा जाँचनेई ना आए थे।

*[तभी पीछे से हुर्र-हुर्र, हिश-हिश का शोर आता है। गायों के रँभाने का भी।]*

**कलेक्टर** : *(चिल्लाकर)* क्या हुआ रे!

**पीछे से आवाज** : गैया फारम में घुस गईं।

**कलेक्टर** : बाहर निकालो। मारो कस के। *(कुछ सोचकर)* नहीं, मारो नहीं। मर जाएँगी। एकदम कमजोर हैं। *(गाँववालों से)* कृपा करके अपनी गायें ले जाइए। मेरे अहाते में एक भी गाय मरी तो अच्छा नहीं होगा।

*[गाँववाले खड़े रहते हैं।]*

मैं देखूँगा क्या कर सकता हूँ। गायों का हाल तो बेहाल कर दिया आपने। बहुत दुख है मुझे। अब क्या हो सकता है! इतने कसाई घूम रहे हैं खरीदने को! आपके सोचने की बात है।

**रमई** : कुछ पैसा मिल जावे...उधार...मजूरी...कुछ बी।

**कलेक्टर** : कहाँ से दूँ! गाय देकर गलती कर चुका। मेरे हाथ में कुछ नहीं है। गढ़े नापनेवाला कोई और है, पैसे देनेवाला कोई और। मैं कोई नहीं हूँ। *(सँभलकर)* ठीक है, देखूँगा, क्या कर सकता हूँ। अब जाइए। मैं देखूँगा।

*[गाँववाले सुस्त भाव से जाते हैं।]*

अब बर्दाश्त नहीं होता। बहुत खराब इलाका है। हर साल सूखा, अकाल, महामारी। दिल्लीवाले आराम से बैठे हैं, मैं यहाँ खप रहा हूँ। *(जाते-जाते)* इस बार तबादला करवाकर रहूँगा। और बर्दाश्त नहीं होता।

*[जाता है। गाँववाले सुस्त चाल से बाईं तरफ से बाहर जाते हैं, लाखन दाईं तरफ से आता है।]*

**लाखन** : *(आते-आते)* आज हो गया बंटाधार। गई नौकरी। दुहत्थड़ पड़े सो अलग। *(कान छूकर)* अब तक दरद है। *(दर्शकों से)* क्या बतलाऊँ थारे जैसे बाबू आए थे सहर से, चाय दुकान पे। मैं काम करूँ हूँ ना वहाँ। जिसे गाय बेची उसी की दुकान है। सूखे का दौरा करन थारे जैसे बड़े आदमी आवे हैं आजकल। पत्तरकार, समाज-सेवक, सहकारी डिपाट के बाबू। उनकी बहस सुन जो हँसा तो कप-पलेट हाथ से गिर के चकनाचूर। नौकरी जानी थी, गई। चलूँ, खोजूँ फिर से नौकरी।

*[जाने लगता है, सहसा पलटकर, दर्शकों से]*

एक बात बतलाओ। कल आप बी थे वहाँ जंगल किनारे? खावो थे तो बस खाए जावो थे। हमें देख मुँह लाल कर लिया पर दिया ना एक कौर बी। इत्ता गुस्सा आया, क्या बतलाऊँ!
बेच दिया रेडियो अपना।
गैया बेच खरीदा था।
खिला दिया सत्तू सबको।
जादू का कालीन काम ना आया, रेडियो आ गया। पर आपसे क्यों कहूँ! मुझे कौन आपके सहर जाना है! *(जाने लगता है, फिर ठिठककर)*

चला जाऊँ सहर? नौकरी करनी है, वहीं कर लूँगा। यो कौन मेरा अपना गाँव है! भाग चल लाखन, नईं तो तू बी जादू का कालीन पकड़े बैठा रहवेगा। *(फुसफुसाकर)* एक...दो...तीन... उठमउठूँ।
तीन...दो...एक...धत्।

*[जाता है]*

*[दाईं ओर से बाहर जाता है। बाईं ओर से अपराधी की तरह रमई आता है और सिर झुकाकर बैठ जाता है। सन्तो की माई उठकर उसके पास आती है।]*

**माई** : बेच आया? *(रमई अंटी से रुपए निकालकर उसे थमा देता है।)* सौ? कलट्टर तो हजार की बतावे था। सत्तू ना लेते आया? *(रमई हाथ से ना करता है।)* *(फुसफुसाकर)* कलट्टर को ना बेची?

*[रमई नहीं में सिर हिलाता है। माई हाथों से दोनों कान छूती है। केशो का बाप आता है।]*

**केशो का बाप** : ले, तू यहाँ बैठा है! वो आ गए।

**रमई** : कौन?

**माई** : *(बुदबुदाकर)* दूसरे कसाई।

**केशो का बाप** : तुम्हें ना करनी हो तो कहो। मैं दूसरी लड़की दिखाऊँ।

**रमई** : करनी क्यों नईं! सहर तो जाना है।

**केशो का बाप** : *(पास खिसककर)* पानी-पत्ते का इन्तजाम किया? क्यों, कल गैया ना बेची? ला, दस का पत्ता।

*[माई से दस का नोट लेकर, अंटी में खोंसते हुए, बाहर जाता है। माई अन्दर जाती है और सन्तो को लाकर चबूतरे पर बिठलाती है। बाईं तरफ से केशो का बाप, लड़के के बाप और एक छोटे लड़के को लेकर आता है। दोनों पगड़ी बाँधे हैं। रमई हाथ जोड़कर अदब से उन्हें बिठलाता है।]*

**लड़के का बाप** : *(सन्तो को घूरकर)* एकदम मरगिल्ली लड़की है। बीमार-सीमार है क्या?

**माई** : नईं जी। बिलकुल नईं। तीन कोस से जलावन लावे है।

**रमई** : दुबली-पतली भले है पर काम की पक्की है।

**केशो का बाप** : *(हँसकर)* खुराक कम है। फायदा रहेगा। खर्चा कुछ ना है लड़की का।

**लड़के का बाप** : दीखे तो यूँ है, आज ब्याहो कल मरे! घाटे का सौदा ना करा देना!

**केशो का बाप** : ना रे ना, महतो। लड़की कड़क जान है।

**रमई** : *(कूदकर सन्तो के पास पहुँचता है)* टरेन लड़की है महतो। सौ रुपया पेसगी देके ले गए थे, कालीनवाले। महीने की तनखा और खाना-कपड़ा अलग। वो सोसल हरामजादे बीच में

आ गए, नईं तो हजार-दो हजार कमा लेते अब तलक।

**माई** : *(घूँघट में सं)* हम तो अब्बी ब्याहना बी ना चाहवें। वो इसकी दादी ना मानती।

**केशो का बाप** : लड़का होता तो साथ सहर ले जाते। मेरा चला गया ना। काम पा गया तो हमें बुलावा भेजा। इसकी दादी बोली, लड़की की जात, ब्याह के जाओ, मुझ पे ना सँभलेगी। क्यों, भौजी?

**माई** : हाँ जी। उसने कही तो माननी पड़ी।

**केशो का बाप** : काम की पक्की है। खेत पर कराओ। खड्डी पर बिठलाओ।

**लड़के का बाप** : हम गाय-भैंसवाले हैं। हमारे यहाँ बहुएँ खड्डी पर ना बैठतीं।

**रमई** : हमरी गाय-भैंसों का सानी-पानी भी येई करा करे थी। इधर सूखा पड़ा तो कलट्टर के फारम पर छोड़नी पड़ीं।

**केशो का बाप** : तो बोलो, महतो, बात पक्की।

**लड़के का बाप** : लड़की हलकी है। पर चलो, खाने-पीने को पावेगी तो चंगी हो जावेगी।

**सन्तो** : *(सहसा)* माई, भूख लगी है।

**माई** : *(घुड़ककर)* चुप।

**रमई** : *(छोटे लड़के की तरफ इशारा करके)* यो लड़का है?

**लड़के का बाप** : ना। ये तो छोरा है लड़के का। माई गुजर गई इसकी तबी ना... *(सन्तो की तरफ इशारा करके)* दूसरी चइए।

**सन्तो की माई** : उमर क्या है लड़के की?

**केशो का बाप** : लड़के की उमर ना पूछी जाए, भौजी। *(बाप से)* आप बोलो, महतो।

**लड़के का बाप** : खर्चा काफी पड़ेगा। लड़की मरियल-सी है।

**केशो का बाप** : *(फुसफुसाकर)* लड़का भी दुहेजू है तुम्हारा। दाम लगाओ, सस्ते में करा दूँगा।

**लड़के का बाप** : *(छोटे लड़के से)* क्यों, माई पसन्द है? *(सन्तो की तरफ इशारा करता है। लड़का हकबकाया-सा उसे देखता है, फिर वह और सन्तो, दोनों हँस पड़ते हैं।)* यह क्या! बत्तीसी दिखानेवाली लड़की हमें ना चइए।

**केशो का बाप** : हँसी-ठिठोली तो बाप के घर होती है, महतो। ब्याह होन पर कौन लड़की हँसे है! पैसे बोलो आप।

**लड़के का बाप** : चार सौ। *(तभी दो लड़कियाँ भागती हुई आती हैं और उनके पीछे छुप जाती हैं।)*

**दूसरी लड़की** : *(त्रस्त)* वो आ गया।

**रमई** : कौन रे, कौन आ गया?

**तीसरी लड़की** : *(डरी हुई)* वो राछस।

**रमई** : कौन राछस?

**दूसरी लड़की** : सुपर...वाइ...।

*[रमई के पीछे दुबक जाती है। सामने से सुपरवाइजर-एक आता है। इस बार चेहरे पर मुस्कराहट नहीं है। दाईं ओर से लाखन आता है।]*

**रमई** : *(स्वागत में बिछकर)* आएँ, बाबू साहेब आएँ। अहोभाग! काम कैसा चले है? इस बेर इकले आए?

**सुपरवाइजर-एक** : हाँ, एक गाँव में एक ही आदमी जा सकता है। काम बहुत बढ़ गया है। जिधर देखो, उधर सूखा। *(खैनी मसलकर फाँकता है। बूढ़े बाप और छोरे को देखकर)* ये कौन?

**केशो का बाप** : ब्याह करन आए हैं?

**सुपरवाइजर-एक** : अपना?

**केशो का बाप** : ना, लड़के का।

**सुपरवाइजर-एक** : *(लड़के की तरफ इशारा करके)* इसका?

**केशो का बाप** : ना, इसके बाप का।

**सुपरवाइजर-एक** : लड़की कौन है?

**रमई** : यह...सन्तो...मेरी लड़की है।

**सुपरवाइजर-एक** : नहीं कर सकते?

**रमई** : क्यों?

**सुपरवाइजर-एक** : जुर्म है? अट्ठारह साल से कम की लड़की की सादी, कानूनन जुर्म है। पुलिस पकड़ ले जाएगी।

**रमई** : आप ले जाओ, महतो। खड्डी पर काम करेगी। अबकी बेर नई भागेगी। राम कसम।

**लाखन** : नईं हो सकता।

**सुपरवाइजर-एक** : क्यों बे?

**लाखन** : चौदह बरस से कम के बच्चों से खड्डी पर काम करवाना जुरम है। पुलिस पकड़ ले जावेगी।

**सुपरवाइजर-एक** : *(खैनी फाँककर)* ठीक है। हम दूसरे गाँव से ले लेंगे।

*[जाने को तैयार। सब तरफ से गाँववाले आकर उसका रास्ता रोक लेते हैं।]*

**सब** : ना, बाबू साहेब, बोलो कित्ता पेसगी दोगे?

**सुपरवाइजर-एक** : बस यही लड़की है? बाकी बच्चे क्या हुए? मर गए?

**रमई** : यो रहे। *(छिपे बच्चों की तरफ इशारा करता है।)*

**सुपरवाइजर-एक** : हूँ...फिर तो नहीं भागोगे?

**सब** : ना, बाबू साहेब, बिलकुल नईं भागेंगे।

**सुपरवाइजर-एक** : खतरा बहुत है काम में। पुलिस तंग करती है।

*[लड़के का बाप पुलिस का नाम सुनकर खड़ा हो जाता है और लड़के को खींचकर उठाता है।]*

**केशो का बाप** : आप कहाँ चले, महतो!

**लड़के का बाप** : पुलिस का डर दिखाओगे तो कौन ब्याह करेगा?

**सुपरवाइजर-एक** : *(हँसकर)* बुरा मान गए महतो! अरे भइया, दस-बीस इधर कर देना, फिर पुलिस को बतलाने कौन जाएगा, मेरा बाप?
*(उसका हाथ पकड़ लेता है।)* आओ, छाँट लो।

*[रमई, केशो की माँ और तीसरा गाँववाला, लड़कियों को पकड़कर लाइन में खड़ा करते हैं। सुपरवाइजर और लड़के का बाप घूम-घूमकर लड़कियों का निरीक्षण करते हैं।]*

**लड़के का बाप** : सारी की सारी मरगिल्ली हैं।

*[सुपरवाइजर लड़कियों का हाथ पकड़कर, उनकी उँगलियाँ खींच-खींचकर देख रहा है।]*

**सुपरवाइजर-एक** : *(मुँह बनाकर)* बेकार। एक भी काम की नहीं।

**सब बड़े** : काहे, बाबू साहेब?

**सुपरवाइजर-एक** : अनाड़ियों ने उँगलियाँ कटा-कटाकर बेकार कर लीं। यह देखो। कित्ती सख्त पड़ गई हैं। जित्ती बार कटेंगी, उत्ती सख्त पड़ती जाएँगी। फिर महीन गाँठ खाक बाँधेंगी। ये हमारे काम की नहीं रहीं।

**लाखन** : मतलब? अब आप इने काम ना देवेंगे?

**सुपरवाइजर-एक** : *(अकड़कर)* नहीं।

**लाखन** : पर आप तो कहते रहे, काम सिखलाने को ले जावे हो। सीख जाने पर पैसा जियादा मिलेगा। जिनगीभर को काम पक्का हो जावेगा।

**सुपरवाइजर-एक** : मैं क्या जानता था, उँगलियाँ बर्बाद कर लेंगी!

**लाखन** : जाने थे। सब जाने थे। आपने जो करा, जान-बूझकर करा।

**सुपरवाइजर-एक** : तो? तू क्या कर लेगा? जा, नहीं देता काम।

**तीसरा गाँववाला** : कम पैसे दे देना साहेब। बच्चे भूख से बेहाल हैं। खाने को तो मिलेगा।

**रमई** : दया करो, बाबू साहेब।

**सुपरवाइजर-एक** : भूखों की कौन कमी है यहाँ! एक ढूँढ़ो, सौ मिलते हैं। मुझे तुम लोगों से हमदर्दी है। पर

मजबूरी है। मुलायम उँगलियाँ मिलें तो सख्त क्यों लूँ? सूखा सिर्फ तुम्हारे गाँव में नहीं पड़ा भइया! गाँव-गाँव का यही हाल है। जहाँ जाओ, नए-नकोर बच्चों की लाइन लग जाए। उन्हें लूँगा ना। क्यों भइया, *(लड़के के बाप से)* है न धरम की बात?

**लाखन** : *(गुस्से से)* हत्यारा! हमें धरम सिखावे है। तू निकल यहाँ से। हमें जो करना होवेगा, कर लेवेंगे।

**सुपरवाइजर-एक** : *(गाँववालों से)* साँप पाल रहे हो घर में। इसे बाहर करो वरना नास कर देगा तुम्हारा।

*[दादी दाईं ओर से लकड़ियों का गट्ठर लेकर आती है और कोने में पटकती है।]*

**दादी** : क्यों बाहर करें? हमरे गाँव की बात है, आप सुलट लेंगे। तू निकल बाहर। लड़के के माँ-बाप ना हैं। यहाँ पड़ा रहवे है। कमाकर लावे है तो हमरे बच्चों को भी खिलावे है। रेडियो बेचा तो सबको सत्तू खिलाया। तूने क्या करा? तुझे ना भगाएँ?

*[हुर-हुर करके उसे भगाती है। लाखन भी कूदकर उसके पास पहुँचता है।]*

**सुपरवाइजर-एक** : बच्चे भूखों मरेंगे तुम्हारे। अगले बरस फिर सूखा पड़ेगा।

*[सामने से बाहर भाग जाता है।]*

**लड़के का बाप** : अब मेरी बी सुन लो।

**रमई** : हुकुम करो।

**लड़के का बाप** : तीन सौ दूँगा। बात पक्की।

**केशो का बाप** : तीन सौ? अबी तो चार सौ कहो थे।

**लड़के का बाप** : तब खोट का पता नईं था ना।

**रमई** : खोट कैसा?

**लड़के का बाप** : उँगलियों का।

**माई** : उससे क्या? थारे को कौन कालीन बुनवाना है!

**लड़के का बाप** : कौन जाने बुनवाना पड़े! अपनी चीज ठोक-बजा के लेनी चइए।

**दादी** : जुबान की कीमत नईं है थारे? जाओ, नईं ब्याहनी दुहेजू से लड़की।

**लड़के का बाप** : *(केशो के बाप से)* दो लड़कियाँ दिला दो। साढ़े-छह सौ दे दूँगा।

**केशो का बाप** : दो क्यों?

**लड़के का बाप** : सोचूँ हूँ, इस छोरे की बी कर दूँ।

**दादी** : हमें नईं ब्याहनी लड़कियाँ। सहर जाकर कमा-खा लेवेंगी। केसो गया है कि ना!

**लाखन** : केसो आ गया! केसो आ गया!

*[केशो सामने से आता है। उन्हीं कपड़ों में, जिनमें गया था। केशो की माँ उससे लिपट जाती है।]*

**केशो का बाप** : *(केशो को घूरकर)* लाट साहेब तो ना बने। कमाई क्या काढ़ लाए, देखूँ।

**केशो की माँ** : कमाई करन ना गया था। पढ़ाई करन गया था। इसकूल की छुट्टी हो गई, केसो?

**केशो** : *(सुस्त)* ना।

**केशो की माँ** : तब?

**केशो** : पास नईं हुआ।

**केशो की माँ** : काहे?

**केशो का बाप** : मन लगाकर पढ़ता नईं होवेगा और काहे। *(केशो से)* रात में सनीमा देखे था।

**केशो** : नईं। रात में इसकूल जाऊँ था। बड़े सखत मास्टर जी थे।

**केशो की माँ** : और दिन में?

**केशो** : दिन में घर का काम करूँ था।

**लाखन** : घरेलू नौकर था?

**केशो** : *(अभिमान सहित)* नईं। सब मिलके काम करे थे। पर...उनकी पढ़ाई मुझसे सखत थी। उनके बच्चे मुझसे छोटे थे पर बड़ी किलास में पढ़े थे। ...उनने कही, घर जाओ, पढ़ाई तुम्हारे बस की ना है।

**केशो का बाप** : तनखा तो देते होवेंगे। ला, निकाल।

**केशो** : तनखा किस बात की? खाना देवें थे ना, और पढ़ाई का खर्चा। वापिसी टिकट के पैसे भी दिए बिचारों ने।

**केशो का बाप** : *(दुखी होकर)* और तू आ गया! नौकरी ना खोजी गई! यहाँ लाखन को देख।

**केशो** : वहाँ एक भले मानुस मिले। उनने कही...

**लाखन** : मिल गया फिर परियों का राजकुमार तुझे।

**केशो** : ना, मानुस। अब्बी आवेंगे, देख लियो। उनने कही, सहर में कुछ ना रखा। गाँव में काम करो। मैं बी रहूँगा साथ।

**लाखन** : फिर वही जादू का कालीन!

**केशो** : मैं कालीन बुनने नईं जा रहा। गाँव में काम करन को कहूँ हूँ।

**केशो का बाप** : बुनेगा कैसे नईं कालीन? वो बुलावेंगे तो जाना होवेगा। सौ बार जाना होवेगा। हजार बार जाना होवेगा। *(गला रुँध जाता है।)*

**लड़के का बाप** : और भेजो सहर। बड़ा ताव खाओ थे। अब बोलो, सौ में दो हो लड़की?

**केशो** : कैसी लड़की?

**रमई** : ब्याह वास्ते?

**केशो** : किसका ब्याह है?

**केशो का बाप** : सन्तो का।

**केशो** : सन्तो! वो तो बच्ची है।

**केशो का बाप** : तो क्या बुढ़िया ब्याहेंगे? तू अपनी टाँग मत अड़ा। *(लड़के के बाप से)* सौ में क्या हाथ लगेगा, महतो? तीन सौ तो आप खुदई कहते रहे। क्यों रमई, तीन सौ में करूँ पक्का?

**केशो** : दादी! रोको इने।

**दादी** : *(हताश)* कैसे रोकूँ? पैसे बिना सहर नईं और सहर बिना गुजर नईं।

**केशो** : मेरी बात सुन बापू! उन भले मानुस ने कहा, उनकी एक संस्था है, सेवा संघ। वो यहाँ काम करने आवेगी। पुराने तालों की खुदाई करावेगी। टाँकों की सफाई। मिट्टी की धँसाई रोकने को दीवार बनावेगी। मजूरी गाँववाले करेंगे, खाने का परबन्ध वो करेगी। मरम्मत कराए टाँके-ताल हमरे काम आवेंगे। अगली बुवाई के लिए बीज भी देगी। *(दादी के पास जाकर)* दादी, समझाओ इने।

*[रमई सुनकर सोच में डूब जाता है।]*

**माई** : सपना देखा है ? कोई नईं आवेगा यहाँ। कुछ नईं सुधरेगा। सड़क बनेगी, धँस जावेगी। पानी बरसेगा, सूख जावेगा। नहर बनेगी, पानी बड़े किसान ले जावेंगे। हम वईं के वईं रहवेंगे।

**लाखन** : *(स्वगत)* सपना या सच ?

**दादी** : पहले ना होवे था ऐसा। पहले बरसात का पानी सँजोकर रखा जावे था। जंगल हरा-भरा था। सूखे में काम आवे था।

**केशो** : अब भी हो सके है।

**लड़के का बाप** : *(चिल्लाकर)* लड़की दो हो कि मैं जाऊँ ?

**केशो का बाप** : *(सोच में डूबे रमई को झकझोरकर)* तीन सौ में कर दूँ पक्की ?

**रमई** : *(धीमे-धीमे)* ओरझा ताल की मिट्टी खोदें तो अब बी पानी निकल सके है।

**केशो का बाप** : बोल, हाँ है तेरी ?

**रमई** : और कुछ नईं तो साग-पात उग सके है।

**केशो** : सेवा संघवाले कहवे हैं, अपने ताल-तालाबों की सफाई करो। बूँद-बूँद पानी बचाने को टाँके बनाओ।

**केशो का बाप** : *(चिढ़ाकर)* बूँद-बूँद पानी! हरामी, पानी है कहाँ ?

**केशो** : इस बरस नईं है। अगले बरस होगा। जब बरखा हो, बन्द बाँधकर बूँद-बूँद पानी रोक रखो।

**केशो का बाप** : और खाने को तेरी नानी देवेगी!

**केशो** : कहा ना, सेवा संघवाले आवेंगे। काम पूरा

होने तलक, अगली बरखा तक, खाने को देवेंगे।

**रमई** : *(संकल्प लेते हुए)* ताल की सफाई करनी है।

**केशो** : वो मदद तब करेंगे जब हम लड़ने को तैयार हों।

**लाखन** : लड़ने को मैं तैयार हूँ। बोल, किससे लड़ आऊँ? कलट्टर की कोठी को आग लगा दूँ। रासन की दुकान लूट लूँ। पी.डब्लू. का पैसा छीन लूँ।

**लड़के का बाप** : ठीक है। दे दूँगा तीन सौ।

**केशो का बाप** : ताल की सफाई बाद में करियो। पहले इनसे नत्थी कर।

**रमई** : *(दृढ़)* सब मिलकर खोदें तो पानी निकल सके है।

**लाखन** : खोद आऊँ ताल?
निकाल लाऊँ पानी,
धरती के पेट से?
बुनकर जादू का कालीन,
आजाद कर दूँ सबको।

**दादी** : *(उत्साहित)* मैं जानूँ हूँ, कहाँ जमीन पोली है। कहाँ धरती के नीचे पानी है।

**तीसरा गाँववाला** : खोदें तो तब, जब पेट में अन्न हो।

**केशो की माँ** : पहले राहत मजूरी मिले तो काम हो।

**दादी** : चलो, सब कलट्टर के पास। नाप-जोख जब होवेगी, होवेगी। रोज की कुछ तो मजूरी दे। भूख को राहत नईं तो राहत मजूरी कैसी? हिसाब में काट ले, हमरी ना नईं है। ना माने तो धरना दो,

उसके आगे। अपने हक के लिए लड़ोगे नईं तो कुछ ना मिलेगा।

**केशो** : सेवा संघवाले बी येई कहवें थे।

**लाखन** : हैं कहाँ, तेरे सेवा संघवाले?

**केशो** : आवेंगे।

**केशो की माँ** : कोई नईं आवेगा यहाँ। जो करना है, हमें खुदई करना होगा।

**तीसरा गाँववाला** : *(हताश)* कोई नईं आवेगा यहाँ। एक बी आदगी तो हमरी बात समझने आता। सरकार को समझाता, गाँव की जरूरत क्या है, तो हम अपनी लड़ाई लड़ ना लेते?

**लाखन** : *(दृढ़)* लड़ेंगे। जरूर लड़ेंगे। *(आवाज में गुस्सा कम, संकल्प ज्यादा है।)*

**रमई** : कुछ दिनों का सहारा हो जावे, तो ताल की खुदाई हो सके है।

**लड़के का बाप** : चल, चार सौ ले लियो।

**रमई** : *(चौंककर)* चार सौ। ठीक है। पर देने पेसगी होवेंगे। ताल की खुदाई शुरू हो सके।

**केशो** : उत्ते में क्या होगा? हम कलट्टर के पास जावेंगे।

**रमई** : *(दृढ़)* वो कुछ ना करेगा। हो आए उसके पास हम। *(लड़के के बाप से)* आप दो लड़कियों की कहे थे ना? आठ सौ में दोनों ले जाओ। *(तीसरे गाँववाले से)* ठीक?

**तीसरा गाँववाला** : ठीक।

*[दूसरी लड़की को खींचकर सन्तो के पास बिठला देता है।]*

**लड़के का बाप** : *(फौरन)* दो के...सात सौ लगाऊँगा।

**रमई** : आठ सौ। ना पाई कम, ना जियादा।

**लड़के का बाप** : चल, सवा सात सौ।

**तीसरा गाँववाला** : पौने आठ सौ।

**लड़के का बाप** : सवा सात।

**तीसरा गाँववाला और रमई** : पौने आठ।

**केशो** : दादी, इने रोको। सेवा संघवाले आवेंगे।

**माई** : *(हताश)* कोई नईं आवेगा यहाँ।

**केशो की माँ** : आवेगा तो अपना लालच पूरा करने। अपनी खातिर जो करना है, हमीं को करना है।

**दादी** : तो करो। लड़ो अपने हक के वास्ते। *(दुखी)* लड़कियों को ना बेचो।

**लाखन** : मैं जाऊँ कलट्टर के पास। चलो मेरे साथ। मजूरी लिये बिना नईं लौटेंगे आज। *(कोई ध्यान नहीं देता।)*

**लड़के का बाप** : सवा सात।

**तीसरा गाँववाला** : पौने आठ।

**लाखन** : *(ऊँची आवाज में)* मैं चला कलट्टर के पास। कोई आवेगा मेरे साथ, अपना हक माँगने?

**लड़के का बाप** : सवा सात से पाई जियादा नईं।

**तीसरा गाँववाला** : *(सतर्क)* पौने आठ से पाई कम नईं।

**दादी** : रमई! टेपू! आदमसिंह! कोई जाओ लड़के के साथ। रमई! ऐ रमई!

**रमई** : *(सौदेबाजी में बाधा पड़ने से चिढ़कर)* चुप! पौने आठ से ना पाई कम, ना पाई जियादा।

**केशो का बाप** : क्या कहो हो! कम-जियादा किए बिगैर सौदा कैसे होवेगा? *(तब तक माई और केशो की माँ भी सौदा करते पुरुषों के पास चली आई हैं।)*

सुनो अकल की बात। साढ़े सात में नत्थी कर लो।

**दादी** : अरे, कोई तो जाओ लड़के के साथ। लाखन! ठहर! मैं आई।

*[दादी आगे बढ़कर लाखन के कन्धे पर हाथ रख देती है। दोनों दर्शकों के बीच से बाहर जाते हैं।]*

**केशो का बाप** : *(हाथ आगे करके)* भरो कौल। पक्का?

**दोनों** : पक्का।

**केशो का बाप** : ब्याह वास्ते कब आओगे?

**लड़के का बाप** : अगले बुध को।

**लाखन की आवाज** : *(दर्शकों से)* सुनो, सावधान कर रहा हूँ मैं। अब नईं चुकेगा गुस्सा मेरा।

**केशो** : *(व्यथित)* रुक जाओ। कुछ दिन इन्तजार कर लो।

*[लड़के का बाप रुपए रमई और तीसरे गाँववाले के हाथ पर रख देता है।]*

**रमई** : चलो सब, काम से लगो।

**केशो** : लाखन रुक! मैं बी आया!

*[केशो भी जाता है। माई और केशो की माँ लड़कियों के पास आ जाती हैं। रमई, केशो का बाप, तीसरा गाँववाला और लक्खी बाईं ओर से बाहर जाते हैं। लड़के का बाप और छोरा दाईं ओर से। दूसरी लड़की, सन्तो, केशो की माँ, सन्तो की माई मंच पर रह जाते हैं। लड़कियाँ वैसे ही गुमसुम जमीन*

*पर बैठी हैं। औरतें अपनी-अपनी ओढ़नी उतारकर लड़कियों को सिर से ओढ़ा देती हैं। दोनों लड़कियाँ उसमें लिपटी, गुड़ी-मुड़ी होकर बैठी हैं। दोनों औरतें कन्या-विदा का गीत गाती हैं।]*

**औरतें** : सँभल-सँभल पग धरियो री बहना
देस बेगाने जाना होगा।
सास बेगानी, सुसर बेगाना
देवर-कन्त बेगाना होगा।

**सन्तो** : *(दूसरी लड़की से फुसफुसाकर)* कुछ ना होवेगा। हम जादू के कालीन पर बैठ उड़नछू हो जावेंगे।

**औरतें** : ना बाबुल, ना भाई लाड़ला
किसको रोए सुनाना होगा।
एक जान पर दुख हजारों
सबको रोए बहाना होगा।

**दूसरी लड़की** : *(फुसफुसाकर सन्तो से)* लाखन गया है बुनने। बस तैयार होने को है।

**सन्तो** : आता होगा, जरा देर में *(उसका हाथ पकड़कर)* कहना नईं किसी से।

*[एक-दूसरे का हाथ पकड़े रहती हैं।]*

**औरतें** : सौ नुहरे सौ झिड़की खाकर
फिर भी सीस नवाना होगा।
वहाँ ना कोई देगा सहारा
अपना धरम निभाना होगा।

**सन्तो** : *(एक-दूसरे का हाथ पकड़े रखकर)* याद है ना मन्तर!

**दोनों लड़कियाँ** : *(फुसफुसाकर)*
एक...दो...तीन...उठमउठूँ।
तीन...दो...एक...भरनभरूँ।
*(जोर से)* एक...दो...तीन...उड़नछू।

*[हाथ ऊपर उठे रहते हैं।]*

*[पर्दा गिरता है।]*

OOO